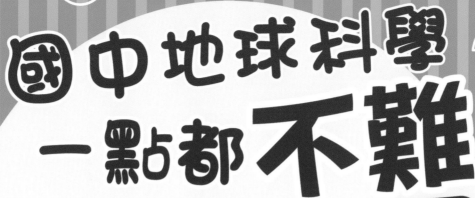

# 國中地球科學
# 一點都不難

第二版

潮男老師 編著

五南圖書出版公司 印行

# 學生推薦序

　　我們在學地球科學的時候很多人會把它當作社會科來讀，卻沒辦法得到好成績，為什麼呢？因為除了「背」基礎的知識以後，我們忘了更重要的部分，是「理解」。

　　上潮男老師的課時，老師除了口頭敘述之外還會搭配圖片來說明，例如學習過程中我覺得日、地、月的相對運動是最難的部分，但是經過潮男老師耐心地講解後讓我在這單元取得高分的成績，幫助我更加的理解課程內容。此外，如果是需要理解的部分，潮男老師就會用好懂的文字敘述出來，若是需要記憶的部分老師也會將課本上大段的文字整理成表格，可以很快的從文字中找出重點節省讀地球科學的時間。

　　在這本書中每一個主題結束後會有動動腦的練習，同學們可以檢視自己是否對該段落融會貫通，還把許多只有現場上課才能聽到的關鍵都寫出來了！而且書裡面也還有補充一些課本上沒有的內容，可以藉此來加深加廣相關的知識，當我們在寫較困難的題目時大有幫助，有了這本書一定可以讓你的地科成績大大的提升！

【臺南女中　蔡宜庭】

地球科學是我到了國三才第一次接觸的新科目，以為這就是背科而已，背下來考試就會過，很多同學也保持這這種心態去讀地科，直到我碰到天文的章節，題目千變萬化，眼看班上的同學即使背下課本內容，碰到題目還是沒有辦法解決，真是替他們緊張！

還好我有上潮男老師的課，對我來說地科並沒有那麼難，因為潮男老師會用我們能理解的方式去解釋地科，上課時還會利用道具或肢體動作模擬行星運行，配合著圖表逐步分析，利用生活中隨處可見的例子讓我們更好想像。潮男老師也很擅長由以前學到的理化觀念，解釋地球科學的現象，也願意用下課時間幫我們額外補充課外知識，讓我們能更加理解地球科學這項科目，而不是只是為了考試。

有了潮男老師的幫助，我的成績也一直保持校內前段，最後考上第一志願，很慶幸也很感謝我能遇到潮男老師。如今老師出了《國中地球科學一點都不難》，我怎麼能不推薦呢！只要相信潮男老師，一步一步循序漸進，你的地球科學絕對不用擔心！

【臺南女中　蔡妤亭】

在我的國中生涯中，自然是我比較有自信的科目，但在國三的時候我遇到了一道難關「地科」，一開始聽了學校老師講的去做題目，把地球科學當作背科去記憶，不過效果並不好，所以考試都不太順。但是自從上了潮男老師的課後，我的地科成績突飛猛進，我很驚訝！沒想到地球科學裡面的知識，很多都是可以用理解的！

　　在潮男老師的課中，老師並不是照本宣科，而是用他自己的方式來教會我們，老師獨特的公式、圖案、口訣還有熱心的教導，能夠讓我們在地科這一個科目裡發光發熱、名列前茅，取得佳績。

　　現在潮男老師，也就是我的恩師，出了《國中地球科學一點都不難》這本書，其中的內容一定可以幫助到你，不管是什麼問題都能夠迎刃而解。

【臺南二中　林鼎威】

# 自序

　　在臺灣的各種學科當中，具備地球科學專業的老師相對缺乏，很多國中只好委託理化老師、生物老師、甚至數學老師來兼著教地球科學，因此老師可能缺乏足夠的背景知識，難免無法將完整的地球科學精髓清晰地呈現給孩子們。

　　加上課綱的規劃，老師們在學校能夠教授地球科學的時間非常有限，無奈之下很多內容跳過，甚至還會要求學生將原本可以理解的觀念「背下來」，讓地球科學教育在臺灣淪為「背科」，漸漸抹殺學生對地球科學的熱情。

　　有鑑於地球科學在臺灣的困境，我決定跳脫一般學校體制，以體制外的方式去改善現況，很幸運的在太陽教育團隊領袖陳大為老師的邀請下，能與五南圖書合作出版《國中地球科學一點都不難》，內容除了包含國中基本的知識以外，還會針對部分孩子們在國中階段遇到的地球科學問題，用孩子能理解的方式清楚論述，只要你多花一些時間理解，那麼國中地球科學就一點都不難了！

潮男 老師

# 作者簡介

## 潮男 老師

潮男 line

（自然科相關疑惑，歡迎直接詢問老師）

【經歷】

朝勝文教事業有限公司—自然科學學習顧問

五南出版社線上課程—國中地球科學老師

大集美補習班—高中自然科老師

吳岳國文補習班—高中自然科老師

Max精學堂（臺南德忠旗艦校）—高中自然科老師

柯林頓補習班—國中自然科老師

王老師補習班（高雄）—國中、高中自然科老師

新中央補習班（光華校）—國中自然科老師

新中央補習班（文元校）—國中自然科老師

# 目　錄

# 第一章

## 水與陸地

既糊塗又富有天分
被派遣的工作　跟山一樣高
被浪費的素材　像海一樣深
祂24小時全年無休地修整地球表面

國中地球科學一點都不難

范又方 攝 范又方 攝

# 主題一：水的分布與循環

　　對於生物而言「液態水」是重要的生存條件，剛好地球是太陽系中唯一擁有大量液態水的行星，並且在地球的環境中，水能夠以「固體、液體、氣體」共存於自然界。

## 一、水的分布

### 1.地球上水的分布

　(1) 海水

　　a.地球表面大約有70%被海水覆蓋，地球約97%水資源集中在海洋中。

　　b.屬於鹹水，因為含有許多鹽類讓海水不易直接使用。

　(2) 冰川

　　a.地球約1.5～2%的水資源分布在**高緯度**或**高海拔**的冰川。

　　b.是含量最多的「淡水」，但太遙遠而不易取用。

　(3) 地下水、河川、湖泊

　　a.地球約1%的水資源分布於「地下水、河川、湖泊」。

　　b.是人類容易取用的「淡水」資源。

　　c.可以藉由降水的方式獲得補充。

## 2.水的循環

「太陽的熱」提供水循環的動力來源，讓水能夠經由**蒸發**、**凝結**、**降水**三個步驟，在自然界中重新分配，而造成各種天氣現象、改變地表樣貌。

# 二、海水

## 1.含量分布　目前地球上97%的水資源分布於海水。

## 2.關於海水的鹽類

⑴ 海水的鹽分濃度達3.5%，是從哪裡來的？
陸地上的可溶性鹽類會被雨水沖刷進入海洋，但水分會持續蒸發離開海洋而鹽類則會持續待在海洋，所以讓鹽分逐漸累積。

⑵ 海水鹹中帶苦，裡面除了水分以外還含有甚麼物質？
主要是「氯化鈉」因此嘗起來鹹鹹的，次要是「氯化鎂」嘗起來苦苦的。

⑶ 為什麼「副熱帶地區」的表層海水鹽度最高？

影響海水表層鹽度的因素主要有「降雨量」、「蒸發量」，次要影響因素是「河川注入」、「冰川融化」。

通常緯度越低的地方平均氣溫越高所以水分蒸發越快，因此理論上「熱帶地區」海水鹽度要最高、「副熱帶地區」第二高，但熱帶地區降雨量非常大，所以讓熱帶地區的海水鹽度下降成第二高。

## 三、冰川

### 1. 含量

－ 約占地球水資源的1.5～2%，是含量最豐富的「淡水資源」，但人類不易取用。

－ 若冰川融化以後，可以補注地下水、河川，是部分生物賴以生存的水源。

### 2. 成因

在寒冷的高山或高緯度地區，因為氣溫較低因此主要以「降雪」的形式降水，又因為重力作用而逐漸壓密成「冰雪」，並往低處移動而形成冰川。

### 3. 國中階段可以大致把冰川分為兩類

(1) 山嶽冰川：發源於長年積雪的「高山」地區。

Ex：**阿爾卑斯山**的冰川

(2) 大陸冰川：發源於寒冷的「高緯度」地區，會有大片冰層覆蓋於高山、平原。

　　　　Ex：**南極**大陸上的冰川

（山嶽冰川）　　　　　　　　　（大陸冰川）

## 四、河川與湖泊

### 1.河川

(1) 來源

　　（主要）雨降至地面以後，因重力作用而沿著地表往低處「逕流」，匯集形成河川。

　　（次要）地下水滲出、冰川融化也會補注河水。

(2) 河川是影響地表面貌的主要力量，可以讓整體地表變得更加平整。

## 2.湖泊

來源：河水流經過低窪地面時，逐年累積而形成湖泊。

分類：湖泊可以根據鹽分濃度分成「鹹水湖」與「淡水湖」，距離海洋較近的通常為「淡水湖」、距離海洋較遠的通常為「鹹水湖」。

范又方 攝

鼎威同學：

　　老師！你編講義的時候是不是打錯了？如果湖泊距離海洋越近的話，照理來講鹽分濃度會比較高，所以稱為「鹹水湖」呀，至於距離海洋比較遠的湖泊，就反過來是「淡水湖」才對吧？

潮男：

　　聽起來蠻有道理的，但同學們首先要知道陸地會持續有鹽分藉由降雨而被帶入海洋當中！而距離海邊較近的湖泊，河川注入海洋的同時，會將鹽分跟著水一起注入海洋，因此鹽分無法累積太多，最終維持淡水湖。例如：「日月潭」、「濁水溪」就是典型的例子喔！

鼎威同學：

　　原來如此，那麼距離海邊較遠的湖泊，幾乎沒有河川注入海洋，湖泊裡的水分蒸發到空氣以後，鹽分只好累積在湖泊裡面，因此大部分的鹽分會積累在湖泊，時間一久最終形成鹹水湖吧？

潮男：

　　沒錯！像是有名的「死海」、「青海湖」就是鹹水湖喔！

# 五、地下水

## 1. 定義

儲存於**地面下泥沙孔隙**、**岩石裂縫中的**水稱為「地下水」。

## 2. 來源、使用

⑴ 地下水，主要是藉由**雨水下滲**補充；地下水也可與湖泊、河川相互調節。

⑵ 乾旱地區常會藉由挖取地下水，獲取來自遠方的淡水資源。

## 3. 超抽地下水

地下水是人類重要的淡水資源，但是長期過度抽取地下水可能造成以下災害。

⑴ 地層下陷

　a. 使地層中的孔隙失去水分支撐而被壓縮，導致砂礫之間被壓得更緊密。

　b. **嘉義**、**雲林**地區因為有較多魚塭養殖，大量抽取地下水，地層下陷嚴重。

　c. 地層下陷以後，無法完全復原。

⑵ 海水倒灌、地下水鹽化

　超抽地下水會影響堤防的防洪功能、下水道的排水功能，甚至使**沿海地區**發生海水倒灌、地下水鹹化。

# 主題二：外營力對地表的作用

外營力的動力來源主要是「水的流動、風的吹動」造成，通常可讓地表變的更平整。

## 一、風化作用

### 1.定義

岩石受到空氣、水、生物等影響，而逐漸**破碎**的過程，稱「風化作用」。

### 2.分類

國中階段，風化作用可以細分為「物理風化」、「化學風化」

(1) 物理風化

    a.成因：沒有化學反應，只藉由**溫度**、**壓力**的變化而使岩石碎裂。

    b.實例：

      －水滲入岩石縫隙中以後，降溫讓水的體積增加而撐開岩石。

      －植物根部伸入岩石縫隙中，慢慢撐破岩石。

    c.盛行地區：物理風化盛行於**乾燥低溫**的地區。

(2) 化學風化

    a.成因：有化學變化，岩石的成分、結構發生改變而使岩石逐漸碎裂。

b. 實例：
  － 岩石中的含鐵礦物接觸空氣發生氧化以後，產生紅棕色破碎的氧化鐵。
  － 菌類產生有機酸促使岩石分解。
c. 盛行地區：化學風化盛行於**潮濕高溫**的地區。

# 二、侵蝕作用

## 1. 定義

  － 經由外營力，而使岩屑**脫離母岩**的作用，稱為「侵蝕作用」。
  － 外營力包含（流水、風、冰川、海浪），其中以**流水**的侵蝕力量最強。

## 2. 差異侵蝕

不同岩石因為「抗風化、侵蝕」能力不同，最後形成突起，稱為「差異侵蝕」。

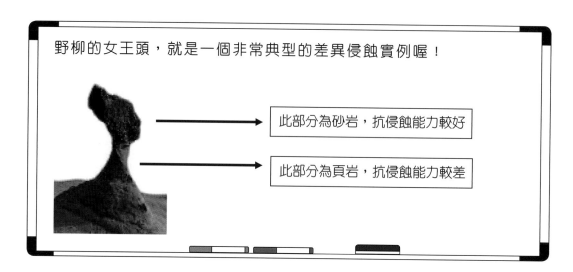

野柳的女王頭，就是一個非常典型的差異侵蝕實例喔！

此部分為砂岩，抗侵蝕能力較好

此部分為頁岩，抗侵蝕能力較差

# 三、搬運作用 & 堆積（沉積）作用

## 1. 搬運作用定義

岩石受到風化、侵蝕以後，經由波浪、流水、風、冰川等外營力將岩石碎屑**遷移**至新的環境中，稱為「搬運作用」。

## 2. 堆積作用定義

流水、風、冰川、波浪等外營力，因為搬運能力減弱而把物質留下，稱為「堆積」。

# 四、河流的侵蝕、搬運、堆積作用

## 1.侵蝕

⑴ 向源侵蝕：河流源頭受到雨水侵蝕以後，有可能使河流**變長**形成瀑布。

⑵ 向下侵蝕：上游坡陡、水流湍急河谷向下切而**變深形成V形谷**。

⑶ 側向侵蝕：可使河谷加寬，形成**曲流**。

（V型谷）

## 2.搬運

搬運的過程中，會發生碰撞而漸漸把岩石磨的圓潤、光滑。

因此上游多為有稜有角的大石塊；下游多為圓潤的鵝卵石、細砂。

（上游大石塊）

（下游鵝卵石）

## 3. 堆積

河流搬運的沉積物，若沉積於山腳下所形成的地形為「沖積扇」。

河流搬運的沉積物，若沉積於出海口所形成的地形為「三角洲」。

（山腳下的沖積扇）

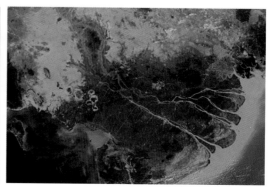
（出海口的三角洲）

## 五、風、冰川、海浪的侵蝕、搬運、堆積作用　統整

|  | 冰川 | 流水 | 波浪 | 風 |
|---|---|---|---|---|
| 侵蝕結果 | U型谷、擦痕 | V型谷、瀑布 | 海蝕洞、海拱、海蝕柱海蝕崖、海蝕平臺 | 風磨石 |
| 淘選度 | 最差 | 普通 | 優 | 最優 |
| 沉積結果 | 冰磧石 | 沖積扇、三角洲 | 沙灘、沙洲 | 黃土、沙丘 |

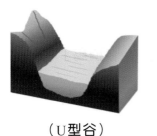

（U型谷）

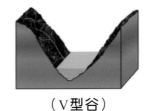

（V型谷）

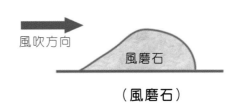

風吹方向

風磨石

（風磨石）

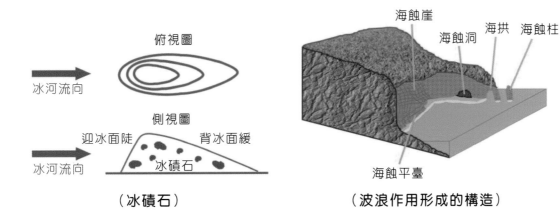

俯視圖

冰河流向

側視圖

迎冰面陡　　背冰面緩

冰河流向

冰磧石

（冰磧石）

海蝕崖

海蝕洞　海拱　海蝕柱

海蝕平臺

（波浪作用形成的構造）

## 六、侵蝕基準面

### 1.定義

當**侵蝕速率** = **堆積速率**時，此水平面稱為「侵蝕基準面」。

→通常，越比水面高的地方侵蝕作用越強；越比水面低的地方侵蝕作用越弱。

→於侵蝕基準面以下時：**侵蝕作用 < 沉積作用**

→於侵蝕基準面以上時：**侵蝕作用 > 沉積作用**

## 2. 分類

⑴ 最終侵蝕基準面：**海平面**是最終侵蝕基準面。

⑵ 暫時侵蝕基準面：**湖泊、水庫的水面**可以稱為暫時侵蝕基準面。

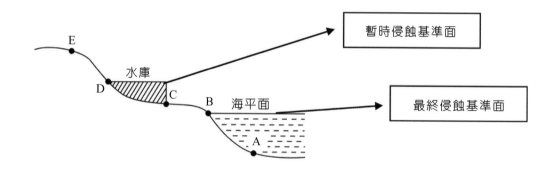

國中地球科學一點都不難

# 七、河道平衡

　　原本凹凸不平的河道隨著時間經過，會因為水流的力量而逐漸趨於平順，達到平衡。但河道平衡可能會受到外界的影響而再度變動，如果在下游開採砂石，有可能讓上游的侵蝕力道增強，而使上游的橋墩裸露。

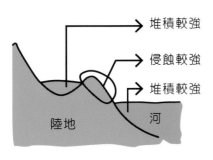

堆積較強

侵蝕較強

堆積較強

陸地　河

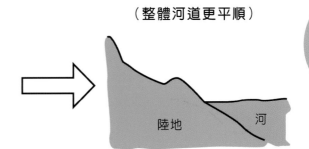

（整體河道更平順）

陸地　河

# 主題三：岩石與礦物

## 一、礦物

### 1.礦物的定義

目前已知的礦物種類達上千種，需滿足以下條件才可稱為礦物。

⑴ 是**天然產出**的均質固體（汞例外）。

⑵ **無機**作用形成。

⑶ 有一定範圍的化學成分。

⑷ 原子規則排列，若生長良好的礦物會有特定「晶形」。

貝殼、琥珀、化石、石油等物質均來自動、植物，因此也都不能算是一種礦物。

Ex：

**[黃鐵礦]**

是天然產出的無機均質固體，其化學成分為$FeS_2$，在結晶良好的情況下多為「正立方體」。另外，因黃鐵礦的外貌與黃金很類似，因此常被稱為「愚人金」。

（黃鐵礦）

[石英]

　　是天然產出的無機均質固體，其化學成分為 $SiO_2$，是地殼中含量第二多的礦物。在結晶良好的情況下多為「六角柱狀」，晶形好看的石英就是一般市面上稱的「水晶」。

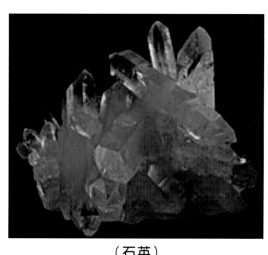

（石英）

## 2.礦物的性質

### (1)顏色

　　理論上同種礦物會有相同顏色，但礦物在形成時可能**混入其他雜質**，或有**結構缺陷**，導致同種礦物可能有多種不同顏色，因此地質學家不以外觀顏色直接判定礦物種類，需要其他特性協助判斷。例如：紫水晶、黃水晶……均是水晶，但有不同顏色。

### (2)硬度 & 條痕

　　a.硬度：礦物抵抗磨損的能力稱為「硬度」，硬度越大代表抵抗磨損能力越好。兩種礦物相互刻劃，**硬度小者**易受到磨損**出現刻痕（凹痕）**。

　　b.條痕：礦物受損碎裂後所殘留下的礦物粉末，稱為「條痕」。每一種礦物會有其特定顏色的「條痕」，因此觀察「條痕」顏色是判定礦物種類的其中一種方式。

| 1 | 2 | 3 | 4 | 5 | 6 | 7 | 8 | 9 | 10 |
|---|---|---|---|---|---|---|---|---|---|
| 滑石 | 石膏 | 方解石 | 螢石 | 磷灰石 | 正長石 | 石英 | 黃玉 | 剛玉 | 金剛石 |

**（摩式硬度表，數值越大代表硬度越大）**

(3) 解理

　　a. 礦物**受力**或**受風化作用**，而形成的平整破裂面，稱為「解理」。

　　b. 礦物的解理受礦物的晶體結構影響，解理常發生在結構弱面。

　　Ex：方解石有發達的3組方向解理面，常形成菱形體。

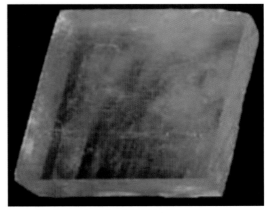

（方解石）

# 二、重要的礦物與其特性

## 1.正長石

(1) 長石是地殼中**含量最豐富**的礦物，且經過風化作用以後**可以形成**「**黏土礦物**」。

(2) 摩式硬度6、有2組方向的解理面、條痕為白色、其晶形為長方體。

(3) 化學組成：$SiO_2(64.7\%)$、$Al_2O_3(18.4\%)$、$K_2O(16.9\%)$

## 2.石英

⑴ 石英是地殼中含量第二多的礦物，晶形完美者可以稱為「水晶」。

⑵ 摩式硬度7、無解理面、條痕為白色、其晶形為六角柱狀。

⑶ 化學組成：$SiO_2$

## 3.方解石

⑴ 摩式硬度3、有3組方向的解理面、條痕為白色、其晶形為菱形體。

⑵ 化學組成：$CaCO_3$，因此滴酸以後會冒泡！

## 4.雲母家族

⑴ 摩式硬度2.5～3、有1組方向的解理面、條痕為白色、晶形為六角片狀。

⑵ 雲母有非常明顯的「**片狀**」**結構，**是**良好的絕熱、絕緣材料。**

## 5.鑽石（金剛石）

⑴ 鑽石的折射率很高，因此在燈光照射下能夠特別耀眼奪目。

⑵ 摩式硬度10（自然界硬度最大）、條痕為白色。

⑶ 化學組成：C

# 三、岩石

岩石是由礦物組成，一個岩石可能包含一種或多種礦物，岩石可以依

據其形成方式，分為「沉積岩」、「火成岩」、「變質岩」。

## 1.沉積岩

### (1)沉積岩形成

雜質、生物遺骸碎屑、岩石經外營力作用而堆積的沉積物，經過壓密、膠結以後所形成的岩石稱為「沉積岩」。（另外碳酸鈣沉澱也可以形成沉積岩喔）

### (2)沉積岩特性

a.層理：沉積物水平堆疊，且因為顆粒組成變化而具有層狀構造。

b.沉積岩是地表「最常見」的岩石種類。

c.化石：沉積岩較容易保有化石，因此化石可以當作推測地質年代的指標之一。

（沉積岩中的層理特徵）

（於沉積岩中挖到的化石）

(3) 沉積岩分類

　　沉積岩依據沉積物的「顆粒大小」，由大到小分為礫岩、砂岩、頁岩。另外，石灰岩是由碳酸鈣沉澱或生物殼體堆疊形成，不適用上方的分類喔！

[註] 顆粒直徑2mm以上為「礫岩」、2mm～1/256mm之間為「砂岩」、1/256mm以下為「頁岩」。


## 2. 火成岩

(1) 火成岩形成

　　火成岩由「岩漿直接冷卻」形成，是地表含量最多的岩石種類，常見的火成岩有玄武岩、安山岩、花岡岩。

(2) 各種火成岩的性質

　　會影響火成岩特性的主要因素有「二氧化矽含量」與「冷卻速率」。

　　→二氧化矽含量比例越高，會使此火成岩的顏色越淺。

　　→岩漿冷卻速率越快，會使礦物結晶發育較不良好，而使礦物結晶較小。

|  |  |  |
|---|---|---|
| （玄武岩） | （安山岩） | （花岡岩） |

| 冷卻速率 | 快 | ←————————————————————→ | 慢 |
|---|---|---|---|
| 礦物結晶 | 小 | | 大 |

| 二氧化矽 | 比例低 | ←————————————————————→ | 比例高 |
|---|---|---|---|
| 整體顏色 | 深 | | 淺 |

## 3. 變質岩

原本的岩石若在地底經過高溫、高壓的作用，而發生變質作用，使岩石內部結構變化或再結晶使成分改變，而形成的岩石稱為「變質岩」。

| 原岩 | 變質岩 |
|---|---|
| 花岡岩 | 花岡片麻岩 |
| 玄武岩 | 綠色片岩 |
| 砂岩 | 石英砂岩 |
| 頁岩 | 板岩→千枚岩→片岩→片麻岩 |
| 石灰岩 | 大理岩 |

# 第二章

## 板塊運動與地球歷史

祂的革命持續了數億年，至今不斷改寫
著歷史。
我們知道祂不會停下，即使粉身碎骨。
而祂，就是地球。

羅顥瑄 繪

# 主題一：地球的構造

　　我們都知道地球半徑大約6370公里深，這個數據是如何測到的呢？地球內部結構又是怎麼知道的？以下我們將介紹地球內部的探測，及介紹地球內部的結構與特性。

## 一、探測地球內部的方法

### 1.直接鑽探

地球內部的溫度、壓力很高，加上板塊會有錯動的現象，因此依照目前技術能夠鑽探的深度**尚不到20公里**。

### 2.間接探測

科學家觀察天然的地震、核彈試爆的「地震波」，根據地震波的「**波速變化**」而把地球內部結構大致分成「地殼」、「地函」、「地核」。

地殼的可以分為由「花岡岩」構成的「大陸地殼」；與由「玄武岩」構成的「海洋地殼」。

至於地函成分主要為「橄欖岩」。

地核的主要成分為「鐵、鎳」。

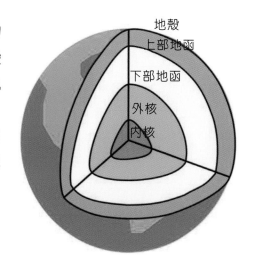

地殼
上部地函
下部地函
外核
內核

思考：地殼、地函、地核哪一層的溫度最高呢？

答案：早期地球大量的熱尚被保留在地球深處，且地球內部有許多放射性元素釋放能量，因此地核溫度最高喔！

## 二、板塊構造學說

最早在1915年**韋格納**提出《大陸漂移學說》，認為很久以前地球上所有的大陸都是彼此連接在一塊的，稱為「盤古大陸」，後來分裂逐漸形成現在的樣貌。

後來在二戰時期為了偵測海洋的潛水艇、戰艦等，也意外的讓人們對海底地形更加了解，後來由**美國**科學家**海斯**提出《海底擴張學說》可以將海底地形分為「大陸邊緣」、「海底盆地」、「中洋脊」，還發現「中洋脊」是**全球最長的山脈**。

後來科學家們（摩根、勒比熊、麥肯期……等）整合「大陸漂移」、「海底擴張」的論點，並且以「軟流圈」、「岩石圈」、「海溝」、中洋脊」，去解釋地表發生的許多現象，此學說稱為《板塊構造學說》，此學說是多數科學家較能接受的主流理論，但此理論尚未完全正確喔！

板塊構造學說提到：

⑴板塊 = 岩石圈，厚度約100公里，包含地殼以及一部分的上部地函。

⑵軟流圈，厚度約150公里，位於地函的範圍裡。

⑶軟流圈有熱對流的現象，帶動板塊彼此推擠與拉張，造成許多地質現象。

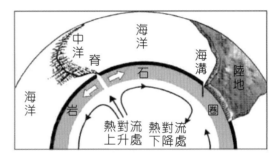

中洋脊　海洋　海溝　陸地

海洋　岩　石　圈

熱對流上升處　熱對流下降處

0
2
9

第二章　板塊運動與地球歷史

# 三、火山

## 1. 岩脈

（岩脈侵入岩層之中）

岩漿若沒有噴出地表留在岩層裂隙中凝固，形成以**火成岩**為主的「岩脈」。

## 2. 火山噴發

⑴ 定義：**岩漿從地底**沿著地層裂隙上升而**噴發到地表**，此現象稱為「火山噴發」。

⑵ 影響：火山噴發時除了岩漿以外，還會噴出火山灰、水氣、二氧化碳、二氧化硫、氮氣，部分釋出的氣體會**增強溫室效應**，甚至加劇全球暖化。

## 3. 火山的形式

國中階段，會依岩漿的成分、性質不同，把火山分為「錐狀火山」、「盾狀火山」。

錐狀火山
－主要出現在聚合型板塊交界
－主要為「安山岩」
－通常爆發時，危害較大
Ex：大屯火山、富士山

盾狀火山
－主要出現在張裂型板塊交界
－主要為「玄武岩」
－通常爆發時，危害較小
Ex：夏威夷火山

## 四、褶皺

### 1. 形成環境

**地底深處**的岩層受到**擠壓力**，形成高溫、高壓、高可塑性的岩石。

### 2. 褶皺特徵

岩層受力以後，形成「波浪狀」的地質構造稱為「褶皺」。

### 3. 褶皺分類

若無地層反轉，岩層向地表凸起的部分稱「背斜」；向地底凹下的部分稱「向斜」。（事實上，地質學家會用其他方式鑑定「背斜」、「向斜」較不會有失誤，但內容比較艱深老師就不在本書詳細說明，如果真的很想知道背後的原因，歡迎掃Line加潮男老師好友，老師可以親自幫你解答！）

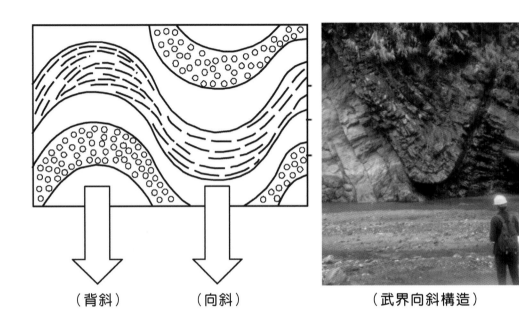

（背斜）　　　（向斜）　　　（武界向斜構造）

## 五、斷層

1. **特徵**　岩層受力而「破裂」並且產生**相對移動**的地質構造，稱為「斷層」。

2. **分類**　可根據斷層兩側岩石的相對移動情形作以下區分。

[正斷層]

→上盤沿著斷面，相對向下滑動。

→常出現在拉張的張裂型板塊交界。

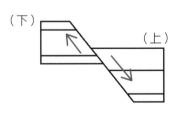

（下）　　　（上）

**[逆斷層]**

→上盤沿著斷面，相對向上滑動。

→常出現在擠壓的聚合型板塊交界。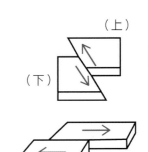

**[平移斷層]**

→並沒有明顯的上下移動，只有水平移動。

→常出現在錯動型板塊交界。

# 六、地震

## 1.地震的發生

核爆、火山噴發、板塊作用形成斷層……皆有可能形成地震，而目前公認的地震主要是「岩層斷裂」釋出巨大的能量而引起，因此地震帶跟**板塊交界、火山帶分布**相近。

## 2.重要名詞

⑴ 震源：地層斷裂的發源位置稱為「震源」，通常在地底下。

⑵ 震央：震源在地表的垂直投影地點，稱為「震央」。

⑶ 震源深度：震源與震央的垂直距離，稱為「震源深度」。

⑷ 地震規模

　　a. 根據：震源所釋放出的**總能量**多寡而算出的數值。

　　b. 標準：一般通用**芮氏規模**，估算地震能量的大小。

　　c. 數值紀錄：記錄到小數點後一位，沒有單位。

Ex：規模5.1的**臺南**地震。

d. 說明：規模不受地點影響，**不同地方測**到的同一次地震，**規模都一樣**。

(5) 地震強度（震度）

　　a. 根據：該地區的地面受搖晃而破壞的程度，稱為「震度」。

　　b. 標準：我國目前分成0～7級，共有十階級，均不含小數。

　　c. 說明：震度會受到**距離與地質條件**因素共同影響，因此不同地點測到的震度大小會有所不同。

| 0級 | 1級 | 2級 | 3級 | 4級 | 5弱 | 5強 | 6弱 | 6強 | 7級 |
|------|------|------|------|------|------|------|------|------|------|
| 無感 | 微震 | 輕震 | 弱震 | 中震 | 強震 | 強震 | 烈震 | 烈震 | 劇震 |

國中地球科學一點都不難

# 主題二：地質年代與地質事件順序

## 一、化石

　　地質學家能夠透過化石判斷當時**古氣候環境**、甚至推測**相對**時間順序
而把地質年代由大→小分為「元」、「代」、「紀」、「世」、「期」
1. 古生代：三葉蟲。
   古生代又分為「寒武紀」、「奧陶紀」、「志留紀」……
2. 中生代：恐龍、菊石。
   中生代又分為「三疊紀」、「侏羅紀」、「白堊紀」。
3. 新生代：哺乳類（長毛象、劍齒虎……）。
   新生代又分為「古近紀」、「新近紀」、「第四紀」。

## 二、研究相對地質年代

1. 原始水平定律：若未受到地殼變動影響的岩層，將會形成水平狀態。
2. 疊積（置）定律：若未發生
   地層倒轉，下方的岩層的形
   成時間較老。
3. 截切定律：老的岩層會被新
   發生的事件截切。
   思考1：右圖的砂岩與礫岩，

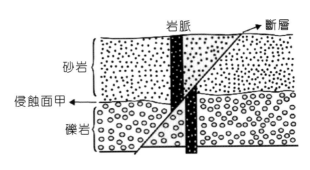

誰生成得早？

解答1：因為礫岩在比較下側，所以可以推論礫岩生成的時間比較早。

思考2：斷層與岩脈侵入，誰發生的比較晚？

解答2：因為斷層有把岩脈切斷，所以斷層發生的時間絕對比較晚。

# 第三章

## 運動中的天體

這世界從不缺少美，
只待你把步調放慢。
抬頭靜靜欣賞美麗的星空！

黃晟庭 攝

國中地球科學一點都不難

# 主題一：我們的宇宙

## 一、宇宙的歷史

1. 科學家依據「大霹靂理論」推測，宇宙約在140億年前從一團溫度極高、壓力極大、密度極大的火球開始膨脹至今，並且產生大量微小粒子。各種粒子經過「萬有引力牽引」逐漸聚集，形成目前所見的「宇宙」。
2. 140億年以來宇宙都持續膨脹，並且溫度逐漸降低，至今也是如此。

## 二、天文學上的距離單位

在天文學中，常用的單位有「天文單位（A.U）」、「光年（1y）」。

### 1.天文單位

地球到太陽的平均距離，稱為「1天文單位」。1A.U.大約 $= 1.5 \times 10^8$ 公里。

### 2.光年

**光**在真空中**走一年的距離**，稱為「1光年」。1光年大約 $= 10^{13}$ 公里。

[冷知識]

1. 真空中的光速約為$3 \times 10^{8}(m/s)$。

2. 光一秒可以繞地球7.5圈。

3. 光從太陽抵達地球約需要500秒。

4. **阿潮星**若距離地球46光年，代表**阿潮星**發出的光要經過46年才能到達地球，因此我們現在看到的**阿潮星**是46年前的景象。

# 三、宇宙的組織

1. 星系：主要由恆星、星團、星雲所構成。Ex：仙女座大星系、銀河系。

2. 星團：某些恆星之間，因為彼此重力相互影響形成「恆星群」，而共同圍繞一個中心旋轉，形成星團。Ex：昂宿星團。

3. 星雲：星際間的氣體、塵埃聚集之處，稱為「星雲」。Ex：蟹狀星雲。

4. 恆星：內部自然**進行「核反應」**自行**發光、發熱氣體星球**，稱為「恆星」。

5. 行星：繞著恆星運行**本身不發光**的星球，且質量夠大足以**維持圓球狀**、也足以**清除軌道內鄰近小星體**。Ex：水星、金星、地球、火星、木星、土星……。

6. 矮行星：繞著恆星運行**本身不發光**的星球，質量夠大足以**維持圓球狀**、但質量**不足以清除軌道內鄰近的小星體**。Ex：冥王星、穀神星……。

7. 小行星：繞著恆星運行**本身不發光**的小星體，且質量太小**無法維持圓球狀**，也**無法清除軌道內鄰近小星體**。Ex：智神星、婚神星……（有百萬顆）。

8. 衛星：繞著行星運行，本身不發光的星體。Ex：月亮、木衛一、木衛二。

（俗稱「七姊妹」的昴宿星團）

（仙女座大星系）

# 四、銀河系

銀河系屬於「星系」的層級，我們地球就在銀河系之中。

## 1.銀河系外觀

(1) 銀河系**直徑約十萬光年**外觀如扁平而中央突起的圓盤。
(2) 俯視可見**螺旋狀懸臂**，側視則有如荷包蛋。

## 2.太陽系的位置

太陽系不是一個星系，太陽位於「銀河系的懸臂上」，距離銀河系中央約3萬光年。

## 3.銀河系的概述

在合適地天氣、合適的地點抬頭一看可以看到成千上萬的星點，而人類肉眼所見的所有星體，**除了「M31仙女座大星系」以外，其他幾乎全在「銀河系的範圍內」**。

彗星、木星、織女星、牛郎星、北極星、天狼星、火鳥星雲⋯⋯都在銀河系中。

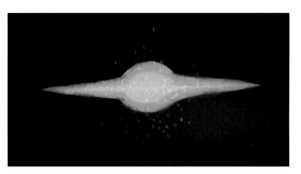

（側看銀河系示意圖，圖中的每個光點都代表一顆恆星）

## 五、太陽系

### 1.太陽系的形成

**受太陽重力吸引**而環繞太陽的系統稱為「太陽系」，成員包含「太陽」、「行星」、「衛星」、「小行星」、「矮行星」、「彗星」、「流星」……等。太陽系內的多數星球的形成時間均差不多，因此只要能夠測出隕石的年齡，就能夠間接算出地球、太陽的年紀，目前認定太陽、地球大約在46億年前形成。

太陽系是怎麼形成的？目前主流的學說「星雲說」認為，銀河系中有一個區塊由「氫、氦」所構成的低溫「太陽星雲」，因為受到**萬有引力**的作用以後而開始收縮聚集。原本在「中央的濃密雲氣」藉由萬有引力聚集形成「太陽」，在此高密度且高溫的環境中發生著**核融合**反應。原本的「周圍雲氣」則形成扁平圓盤，圓盤中會個別形成質量較小的原始微行星，多個微行星相互撞擊熔融使質量變大，最終形成「行星」、「矮

行星」、「小行星」……等星體。

太陽表層的「日冕」達到上百萬度的高溫，能夠持續釋放出富有帶電粒子的「太陽風」，太陽風會把多數易揮發的低密度物質吹拂至外圍「類木行星」的範圍之中；而不易揮發的高熔點、高密度的物質則多數會留在內側留在「類地行星」的範圍之中。

## 2.太陽（恆星）主成分為「氫氣」、「氦氣」

藉由「核融合」反應而自行發光發熱，是太陽系「公轉的中心」。

# 六、八大行星

以太陽為中心，八大行星由近至遠依序為「水星、金星、地球、火星、木星、土星、天王星、海王星」。並且依據性質區分為「類地行星」&「類木行星」。

| | 成員 | 太陽距離 | 成分組成 | 密度 | 體積 | 質量 | 衛星 |
|---|---|---|---|---|---|---|---|
| 類地行星 | 水星、金星 地球、火星 | 近 | 岩石、金屬 | 大 | 小 | 小 | 少 |
| 類木行星 | 木星、土星 天王星、海王星 | 遠 | 氣體、冰 | 小 | 大 | 大 | 多 |

| | 大氣成分 | 太陽距離 | 平均溫度 | 大氣壓力 |
|---|---|---|---|---|
| 金星 | 95%二氧化碳 | 0.72A.U | 462℃ | 90atm |
| 地球 | 78%氮氣、21%氧氣 | 1AU | 15℃ | 1atm |
| 火星 | 95%二氧化碳 | 1.52A.U | −87～−5℃ | 0.01atm |

## 七、流星、彗星、隕石

### 1.彗星

⑴ 太陽系外圍的「柯伊伯帶」或「歐特雲」，主要成分為冰晶、塵埃，當質量累積夠大時便會開始繞著太陽進行公轉，即為「彗星」。

⑵ 彗星靠近太陽時，因為「太陽風」吹拂彗星，使外圍物質受熱以後成為氣體噴出，而產生很長的彗尾。

⑶ 部分彗尾會**背向太陽**，且**越靠近太陽彗尾會越長**。

### 2.流星、隕石

太空的小岩塊、塵埃、冰雪進入地球大氣時，因為跟地球**大氣層摩擦**就會形成「流星」，如果未燃燒完就掉落到地表，即稱為「隕石」。

### 3.探討

⑴ 流星形成的前提，必須要**有物質與「大氣摩擦」**，因此例如沒有大

氣的「月亮」、「水星」就很難觀測到流星的現象，但是依然可以發現到「隕石」。

(2) 根據天文學家對恆星演化的理解，太陽系中的「太陽」、「地球」、「月亮」、「隕石」……等成員，大約是差不多的年紀形成，因此可以藉由隕石的定年，進一步推測出地球、太陽的年齡。

# 八、地球孕育生命的環境

## 1. 與sun的距離

地球與太陽的距離剛剛好，除了適合多數生物存活以外，也讓地球表面存在「液態水」，以及保有「固態外殼」，提供各種型態的生存環境。

## 2. 適合的大氣

(1) 大氣層可以提供呼吸作用所需的氣體，也能保護生物不受到「外來物質撞擊」，且目前的溫室效應剛剛好，使地球表面的溫度不會太高、也不會太低。

(2) 金星有濃厚且由二氧化碳組成的大氣，因此溫室效應太強，使表面溫度太高。

(3) 火星的大氣稀薄，多數的星際物質直接落到火星地表形成許多隕石坑洞，且溫室效應太弱，因此造成晝夜溫差大，難以孕育生命。

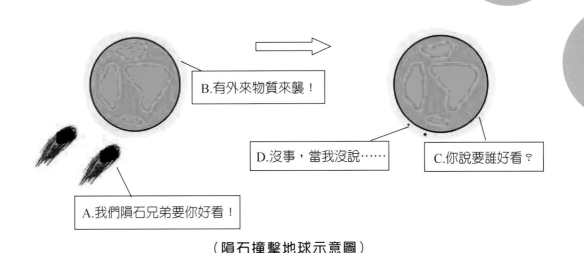

（隕石撞擊地球示意圖）

3. 適當的地球質量、磁場

(1) 原始大氣

地球剛形成的初期原始大氣，含有**氫氣**、**氦氣**、**甲烷**、**氨氣**，但是「氫氣、氦氣」因為密度太小，地球的質量不足以留住它們，因此「氫氣、氦氣」逸散到外太空；而密度略大一些的「甲烷、氨氣」經過太陽風長期的吹拂，也被帶離地球。

(2) 火山氣體

地底溫度開始下降，讓地球有穩定的磁場能夠「抵抗太陽風」，避免太陽風將氣體帶走，因此火山釋放出的「水氣、二氧化碳、氮氣」被保留，形成以$CO_2$為主的大氣。

(3) 氮氣為主、氧氣為輔

後來地表溫度也持續下降，使大氣中的水氣能夠凝結成水，形成河川、湖泊、海洋，再加上二氧化碳本身「微溶於水」，經過長時間的作用溶入海洋，因此當時的大氣的主要成分為「氮氣」。直到35億年前，海水出現光合作用生物（例如藍綠菌），能夠吸收二氧化碳且「產生氧氣」，使大氣中的氧氣含量逐漸累積。

(4) 臭氧層出現

充足的氧氣經過打雷閃電等作用，得以形成「臭氧」，在高空約20～30公里的地方形成臭氧層，臭氧層能夠吸受過量的紫外線，讓生物即使沒有海水的保護也能在陸地生存，因此在4億多年前開始有生物向陸地發展。

至於離太陽最近的水星，因為本身質量太小，無法完全留住大氣，因此即使經過40多億年水星依然沒有大氣，所以更不可能有生物存在。

# 主題二：地球自轉與公轉

## 一、地球的自轉

### 1. 地球自轉

(1) 自轉軸

地球上的所有物質均以某個「自轉軸」為中心進行自轉，而「自轉軸」正是北極與南極的連線，「北極星」是與自轉軸北端最接近的亮星。

(2) 自轉方向

a. 由**北極上空**觀看，地球**逆時針**方向自轉。

b. 由南極上空觀看，地球順時針方向自轉。

c. 由赤道上空俯視觀看，可以發現地球以**西向東**自轉。

(3) 自轉週期

地球自轉一圈大約需要**24小時**。

### 2. 地球自轉的影響

(1) 晝夜變化

轉動到靠近太陽一側是白天，遠離太陽一側是黑夜。

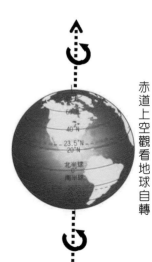

北極星

赤道上空觀看地球自轉

(2) 星星的東升西落
　　a. 北半球的人會發現北極星幾乎不移動（但南半球的人看不到北極星）。
　　b. 全球的人類均能發現，太陽、月亮、多數恆星有**東升西落**的現象，且**每小時**繞自轉軸旋轉**15度**。

---

**動動腦**

下圖的十字相交點為北極，請從太陽的位置、與地球自轉週期思考當地人的時間

1. 在D點的當地人認為現在大概幾點？
　　(A) 6：00　　(B) 12：00　　(C) 18：00　　(D) 24：00
2. 在A點的當地人認為現在大概幾點？
　　(A) 6：00　　(B) 12：00　　(C) 18：00　　(D) 24：00

---

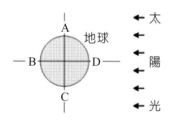

---

**甩甩腦**

1. D點的人會覺得：太陽位於頭頂上方，所以可以推測約為中午12：00。
2. 因為地球自轉一圈24小時，所以可以推論從D需要經過6小時才能再自轉1/4圈來到A的位置，因此可以推論A點的人約為黃昏18：00。

國中地球科學一點都不難

## 二、地球的公轉

### 1. 公轉方向 & 時間

地球受到太陽引力吸引，在北極上空看以**逆時針**繞太陽運轉，公轉一圈約為1年。

### 2. 地球自轉軸的傾斜

(1) 地球對太陽公轉所繞出的軌道面稱為「黃道面」。

(2) 「地球赤道面」與「黃道面」夾23.5度。

(3) 「地球的自轉軸」與「地球公轉軸」夾23.5度。

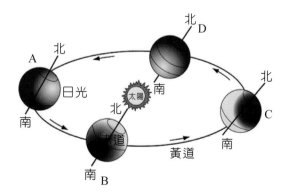

## 3.公轉的影響

(1) 四季變化〔自轉軸傾斜 + 地球公轉〕、〔距日的遠近也有些微影響〕

地球公轉到不同位置時，太陽直射的緯度也不相同，是地球四季變化的「主因」。

a.（國曆6/22左右）時，正午太陽直射北回歸線，北半球為夏至。

b.（國曆9/23左右）時，正午太陽直射赤道，北球為秋分。

c.（國曆12/22左右）時，正午太陽直射南回歸線，北半球冬至。

d.（國曆3/21左右）時，正午太陽直射赤道，北半球為春分。

(2) 晝夜長短變化〔地球公轉 + 自轉軸傾斜23.5°〕

春分與秋分時，全球的白天與夜晚時間等長。

夏季時，北半球有晝長夜短的現象，天亮時間較早、天黑時間較晚。

冬季時，北半球有晝短夜長的現象，天亮時間較晚、天黑時間較早。

動動腦

下圖為地球繞太陽運行的公轉軌道示意圖，甲、乙、丙、丁為軌道上四個位置。若地球從乙公轉至丙，則臺灣地區白晝時間的長度變化為何？

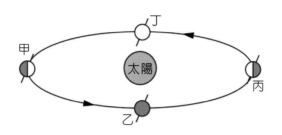

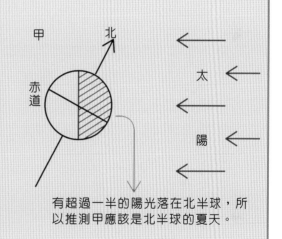

甩甩腦

甲時期，有較多的陽光分布在北半球，因此可以推測甲時期為夏天、乙時期秋天、丙時期為冬天、丁時期為春天。

因此從乙時期的「晝夜等長」來到丙時期的「晝短夜長」，可以知道白天時間是越來越短的。

有超過一半的陽光落在北半球，所以推測甲應該是北半球的夏天。

## 三、恆星的視運動

### 1.星軌

適當的環境拿起相機經過長時間的曝光就能拍攝出星星移動的軌跡，稱為「星軌」。

(1) 現象

　a.星軌中央的「北極星」幾乎定點不動。

　b.大多數星星**均會**繞著「北極星」逆時針運轉，且**每小時環繞北極星**15°。

　c.北極星的仰角約等於觀察者所在的緯度。

(2) 原因

以上的現象是因為「地球西向東自轉」，因此從地球上觀看，會認為宇宙中的繁星均會繞著北極星進行「東升西落」的現象。

思考一下，右邊這張在臺灣拍攝的星軌圖，右側應該是什麼方位呢？拍攝多長的時間？

因為我們正面對星軌中央，而星軌中央正是北極星，所以可以推測前方是北方、右方就是東方囉！

另外將每一段星軌的頭、尾分別與星軌中央進行連線，所畫出來的弧度約為30度，因此可以推測此張星軌共拍攝2小時。

# 四、太陽移動軌跡

## 1. 太陽移動軌跡的計算

⑴ 北極星仰角大約等於 = 觀察者所在**緯度**。

⑵ 當日太陽正午仰角 = 90 −（**人與太陽直射地的緯度差**）。

從右圖可以看出：

位於北緯90°的人，想要抬頭看北極星就必須要抬90°的仰角。

位於赤道地區的人，想要抬頭看北極星居然不用抬任何的角度，因此仰角 = 0°。

那為什麼是北極星仰角「大約」等於 = 觀察者所在**緯度**？

這是因為「目前北極星所在的位置」並不是自轉軸真正指向的北極，會有一些誤差，因此**潮男**老師寫上「大約」，不過身為國中生的你不用太在意，也沒關係的！

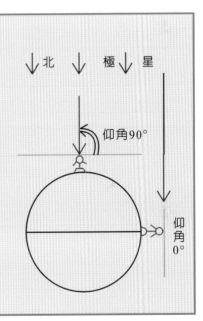

## 2.太陽的直射次數

因為地球繞太陽公轉以及地球自轉軸傾斜23.5度的關係，不同緯度的地區每年被太陽直射的次數也會不同。夏至正午時太陽直射到北緯23.5度、冬至正午時太陽直射到南緯23.5度，因此有以下結果：

⑴ 緯度大於23.5度者，一整年會被太陽直射0次。

⑵ 緯度等於23.5度者，一整年會被太陽直射1次。

⑶ 緯度小於23.5度者，一整年會被太陽直射2次。

## 3.臺灣觀測的太陽移動軌跡特性

| 節氣 | 太陽直射地點 | 正午太陽仰角 | 正午竿影 | 日出方位 | 日落方位 | 正午太陽方位 |
|------|------|------|------|------|------|------|
| 春分 | 赤道 | 66.5度 | | 正東方 | 正西方 | 天頂偏南 |
| 夏至 | 北回歸線 | 90度 | 最短 | 東偏北 | 西偏北 | 正天頂 |
| 秋分 | 赤道 | 66.5度 | | 正東方 | 正西方 | 天頂偏南 |
| 冬至 | 南迴歸線 | 43度 | 最長 | 東偏南 | 西偏南 | 天頂偏南 |

# 主題三：日、地、月的相對運動

## 一、月球的公轉與自轉

### 1.月球的公轉

月球受到地球萬有引力的吸引而繞著地球公轉，若由北極上空觀察會發現月球以「逆時針」方向繞地球公轉，月球每繞地球一圈的時間約為29.5天，正是月球公轉的原因讓月有陰晴圓缺，古代人會藉此週期訂立陰曆，和大家熟知的初一、十五有關。

### 2.月球的自轉

月球繞地球公轉的同時也進行著自轉，由北極上空觀察會發現月球以「逆時針」自轉，且月球自轉一圈的時間也約為29.5天，剛好跟公轉的時間相似！

### 3.月球重要現象

(1)地球人只能看到月球的同一面

因為月球的自轉與月球的公轉，週期均為29.5天、方向均為逆時針，因此月球都會以同一面面向地球，所以地球人只能看到月球的同一面，除非你飛到外太空去做觀察，才有可能看到月球的另外一面喔！

⑵ 月球每天都比前一天晚50分鐘升起

　　月球大約30天公轉地球360度，所以平均一天大約繞地球轉12度，
正因如此月球每天會晚50分鐘升起。

# 二、月相的盈虧

　　**月球本身不會發光**，我們之所以能夠看見月亮，是因為**月亮反射太陽光**！

　　而月球繞著地球進行公轉時，雖然通常都有一半的月亮被太陽照射，但地球人觀看月亮時角度受限，因此看到的月相也會跟著改變。

## 1.基礎資訊

⑴ 太陽與月亮位於地球的「同一側」
　　時，為「新月」。

⑵ 從新月約過7.5天的時間，此時為
　　「上弦月」；

⑶ 從上弦月約過7.5天的時間，太陽
　　與月亮會在地球的「相異兩側」，
　　此時為「滿月」；

⑷ 從滿月約過7.5天的時間，此時為
　　「下弦月」；

⑸ 從下弦月再約過7.5天的時間，將會回歸到「新月」。

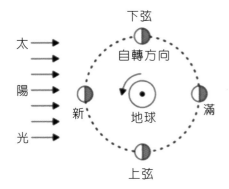

動動腦

已知右圖為滿月的月亮，請問以A點的
人而言，此時月球在甚麼方位？

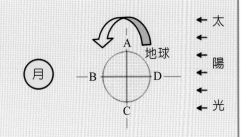

甩甩腦

從地球本身會「西向東」自轉的概念來看，

A點的人會覺得月亮那一側為「東方」；

A點的人會覺得太陽那一側為「西方」；

2. 新月（朔月）

(1) 定義：地球上的人看到「月亮 & 太陽」在**同一側**時，此時的月相稱
為新月。

(2) 農曆：古人將新月的日期訂為**農曆初一**。

(3) 月相：此時月亮以暗面（背光面）面對地球，因此地球人看不到月
相**全暗**。

### 3.上弦月

(1) 定義：從新月再經過約7.5天，日、地、月三者為90°時，此時的月相為上弦月。

(2) 農曆：古人將上弦月的日期訂為**農曆初七**。

(3) 月相：此時地球人會看到**西明東暗的半月**。

### 4.滿月（望月）

(1) 定義：上弦月再經過約7.5天，太陽 & 月亮在地球**相異兩側**，此時的月相為滿月。

(2) 農曆：古人將滿月的日期訂為**農曆十五**。

(3) 月相：此時地球人會看到**全亮的一面**。

### 5.下弦月

(1) 定義：滿月再經過約7.5天，日、地、月三者為90°時，此時的月相為下弦月。

(2) 農曆：古人將下弦月的日期訂為**農曆二十二日**。

(3) 月相：此時地球人會看到**東明西暗的半月**。

## 三、日食

### 1.成因

**當月球運行至太陽與地球之間**，且日、地、月三者恰巧在一直線上時，

此時地球上部分地區會被月亮影子所掩蔽，被掩蔽的地區可以看到日食的現象。

## 2. 可見時間、區域

因為月球本身體積小能遮蔽的範圍少，所以**日食發生的時間短、能看見的區域少**。

## 3. 日期

因為日食是月球擋住太陽的光，所以一定是發生在新月（農曆初一）的白天時期，但**不代表**每次的農曆初一都會發生日食，因為地球公轉軌道與月亮公轉軌道並沒有在同一個平面上。

## 4. 類型

因為月球繞地球的軌道接近橢圓形的，因此若日食的時候剛好月球距離地球較近，太陽完全被月亮影子遮蔽，若觀察者在半影區會看到「日偏食」；若觀察者在本影區會看到「日全食」；若月亮距離地球較遠，只有在適當位子有機會看到「日環食」。

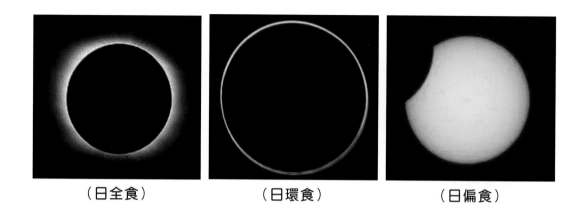

（日全食）　　　　　（日環食）　　　　　（日偏食）

## 四、月食（月蝕）

### 1.成因

當地球運行到太陽與月亮之間且三者連成一直線時，因為原本照到月亮的光線被地球給擋住，因此會出現月食的現象。

### 2.可見時間、區域

因為地球本身體積大能遮蔽的範圍多，所以月食發生的時間長、在地球上只要進入天氣好的夜晚都能看見。

### 3.日期

因為月食是地球擋住太陽的光，所以一定是發生在**望月（農曆十五）的夜晚時期**，但**不代表**每次的**農曆十五**都會發生月食，因為地球公轉軌道

與月亮公轉軌道並沒有在同一個平面上。

4.類型

(1) 月全食：月球完全被地球遮蔽，稱為月全食。

　　但在月全食時期，雖然整個月亮都進入地球的本影區，但仍然有部分的光藉由折射、色散的原因依然可以射到月球，因此月全食的月面呈現「紅棕色」。

(2) 月偏食：月球只有部分被地球遮蔽，稱為月偏食。

（月全食）

（月偏食）

# 五、潮汐

　　海水受到太陽與月亮的牽引，使水位有週期性的變化，此現象稱為「潮汐」。且因為月亮距離地球比較近，因此潮汐主要受到月球的位子而影響。

## 1.基本名詞

(1) 滿潮：海水面達到今日的最高點時，此時的海水面為「滿潮」。
(2) 乾潮：海水面達到今日的最低點時，此時的海水面為「乾潮」。
(3) 漲潮：海水面逐漸上升，由乾潮→滿潮的過程稱為「漲潮」。
(4) 退潮：海水面逐漸下降，由滿潮→乾潮的過程稱為「退潮」。
(5) 潮差：滿潮與乾潮之間的**垂直距離**稱為「潮差」。
(6) 潮間帶：滿潮與乾潮之間的沿海海域，稱為潮間帶。

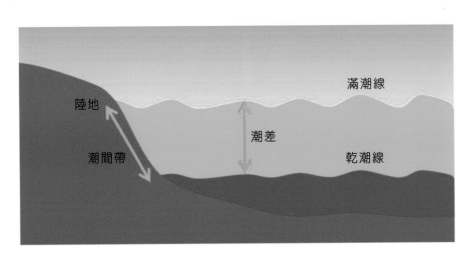

## 2.潮汐性質

### ⑴ 潮汐週期：**12小時25分鐘**

完成一次潮汐（滿潮→滿潮或乾潮→乾潮）所需的時間稱為「潮汐週期」。距離月球最近與最遠時「引潮力」最強，因此均為滿潮。而且可以大概看出，地球自轉一圈大約會經歷兩次的乾潮與滿潮喔。

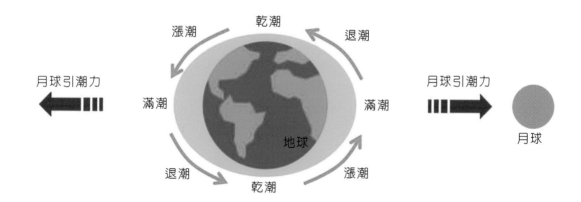

鼎威同學：

　　奇怪！為什麼潮汐週期會是12小時25分鐘？

潮男：

　　地球自轉一圈理論上會經歷兩次的滿潮、乾潮，但因為月球每天會繞著地球公轉12°，所以地球每天要多自轉50分鐘才會完整經歷兩次的滿潮、乾潮，因此將24小時50分鐘除以2以後，才可以算出12小時25分鐘的潮汐週期囉！

⑵ 潮差的大小也會有週期性的變化，因此可以再根據潮差分為「大潮」、「小潮」。

　　－當日、地、月大致可以連成一條直線時（新月、滿月時），因為月球的引潮力與太陽的引潮力可以相加起來，當天的潮差就會最大，因此被定為大潮。

[新月]

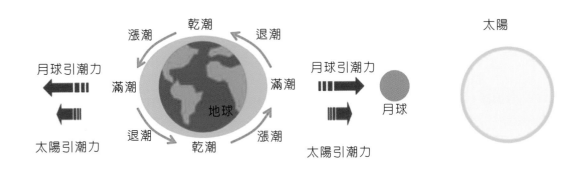

國中地球科學一點都不難

**[滿月]**

－當日、地、月的連線成90°時（上弦月、下弦月時），因為月球的引潮力與太陽的引潮力會相削減，當天的潮差會最小，因此被定為小潮。

**[上弦月]**　　　　　**[下弦月]**

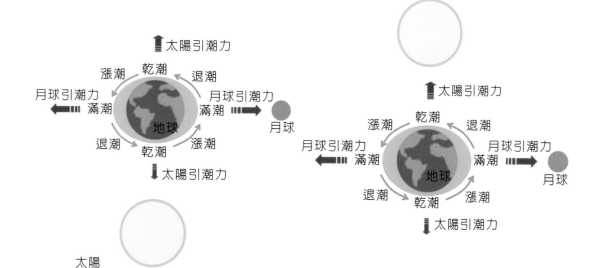

⑶ 正常而言，大約每半天就會經歷一個潮汐，但是潮汐也會受到海岸、海底地形所影響，讓其中一次的漲退潮變得較不明顯，因此可以把潮汐再分為「全日潮」、「半日潮」、「混合朝」。

國中地球科學一點都不難

# 第四章

## 大氣

女人最多變的是臉；男人最善變的是
心。
但人們再怎麼變也比不過大氣的
七十二變！

羅顗瑄 繪

# 主題一：大氣的組成與結構

## 一、地球的大氣成分

### 1.固定氣體

現代「乾燥」的空氣中，大氣由78%**氮氣**、21%**氧氣**、0.9%**氬氣**的體積比例組成，不會隨著地點、季節而有所變動，因此以上稱為「固定氣體」。

### 2.變動氣體

至於水氣（$H_2O$）、二氧化碳（$CO_2$）、臭氧（$O_3$）……等氣體會隨地點、時間有所變動。

## 二、大氣層的垂直分層

大氣中的空氣分布是不均勻的，有99%**的大氣都集中在距離地表30公里以內**的地方，而且大氣層沒有明顯的分界，一般我們將地球大氣依據垂直方向的**溫度變化**分為：對流層、平流層、中氣層、增溫層。

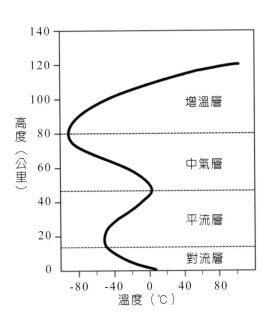

## 1.對流層

(1) 範圍

    a.範圍會受到地點、季節而有所變動。

    b.平均而言，從「地表」到「約11～12公里的高空」為對流層範圍，即使是**喜馬拉雅山**也都還在對流層的範圍當中。

(2) 特性

    a.大氣中「**水氣**」大多集中在此層中，水氣受熱以後易有旺盛對流，因此大部分的天氣現象（颱風、閃電……）都發生在對流層中。

    b.對流層中的熱源供應主要來自於「地表的紅外線輻射」，因此越高的地方氣溫越低，**每增高1公里氣溫大約下降**6.5℃。

## 2.平流層

(1) 範圍

    從「約11～12公里的高空」到「約50公里的高空」為平流層範圍。

(2) 特性

    a.天氣穩定、氣流平穩不易對流，因此平流層**適合長程飛機飛行**。

    b.距離地表20～30公里之間的平流層是**臭氧**$O_3$**濃度最高**的地方，因此距離地表20～30公里之間的地方又被稱為「臭氧層」。

    c.高濃度的臭氧吸收紫外線以後能夠加熱大氣，因此在平流層中「**氣溫隨著高度增加而升高**」。

3. 中氣層

　(1) 範圍

　　　從「約50公里的高空」到「約85公里的高空」為中氣層範圍。

　(2) 特性

　　　a. 空氣稀薄。

　　　b. 氣溫隨著高度增加而降低，因此在「**中氣層頂是大氣中最低溫
　　　　　處**」。

4. 增溫層（熱氣層）

　(1) 範圍

　　　從「約85公里以上的高空」為增溫層範圍。

　(2) 特性

　　　a. 空氣超級稀薄，稀薄空氣吸收來自太陽的短波輻射以後形成許多
　　　　　帶電離子，且極光多發生在此層中。

　　　b. **氣溫隨著高度增加而急遽上升**，可以達到上千℃。

　　　c. 許多**人造衛星的運行軌道**都在此層之上。

宜庭同學：

老師！中午的時候，越高的地方不是離太陽越近嗎？

那為什麼在對流層中，越高的地方是越低溫，而不是越高溫呢？

潮男：

這個問題非常好，但我們先來理解一個例子好了。學校門口有「純吃茶」、「親心」、「60藍」三間飲料店，你猜猜看老師喜歡去哪一間呢？

宜庭同學：

應該是「親心」吧，因為「親心」很大杯比較划算。

妤亭同學：

應該是「60藍」啦，因為他們的茶比較香比較好喝。

潮男：

其實老師比較喜歡「純吃茶」，因為他們的店員比較親切啦！

老師想從這個例子告訴你們，一個現象往往是由許多因素共同影響的，不能只看其中一個因素就肯定結果，因此科學家們在研究某個現象時，需要反覆操作考慮非常多的可能因素，才能找到最主要的影響因素。

經過實驗，科學家發現在對流層中影響溫度的主要因素是「地表釋放的輻射熱」，而不是「太陽輻射熱」喔，所以在對流層中高度越高的地方，距離地表釋放的輻射熱源就越遠，溫度自然就越低囉！

## 三、大氣對地球的重要性

條件適中的大氣是星球孕育出生命的重要條件之一，而地球的大氣有哪些重要功能呢？

### 1.維持生命所需氣體

⑴ 進行呼吸作用需要：**氧氣**。

⑵ 進行光合作用需要：**二氧化碳**。

### 2.減少外來物質撞擊

⑴ 當外太空的物質（例如：隕石）往地表墜落時，會與空氣高速摩擦而生熱進行燃燒，因此大多數的物質在撞擊地表以前都先燒光了。

⑵ 月球缺乏大氣，因此月球表面有非常多坑洞。

### 3.產生天氣現象、調節溫度

⑴ 大氣中因為含有**水氣**，因此會有降雨、降雪……等天氣現象。

⑵ 多數天氣現象均能調節各緯度的溫度。

### 4.減少太陽輻射

太陽無時無刻都在釋放輻射到地球，有許多輻射波段對生物而言是有危害的，還好有大氣層可以反射或吸收部分的太陽輻射。

例如：臭氧能「吸收紫外線」、而溫室氣體能吸收「吸收紅外線」。

# 主題二：天氣變化

## 一、天氣與氣候

### 1.天氣

天氣是指「短時間」內的大氣所發生的「實際變化情形」。

### 2.氣候

氣候是指「長時間」天氣變化的平均值，代表某段時期「大致上」的天氣狀態。

### 3.舉例

#### (1) 氣候的敘述

冬季時受到東北季風的影響，北部位於迎風面大致均有降雨，而中南部位於背風面，因此天氣大致晴朗穩定少雨。

#### (2) 天氣的敘述

這幾天西伯利亞與蒙古的冷氣團南下帶來冷空氣，使全臺氣溫驟降甚至在部分山區出現降雪。

因此各位孩子們，千萬不要再把天氣與氣候混為一談囉，今天回家打開氣象局，看看專業的播報員是如何介紹明天的「天氣」吧！

## 二、雲、霧、露、霜的形成

　　若想要形成雲、霧、露、霜必須要讓空氣中的水蒸氣達到飽和才行，而空氣乘載水蒸氣的能力主要取決於「空氣塊的溫度」。溫度越低時空氣塊乘載水氣的能力會越差，空氣就越容易飽和，當相對溼度=100%時水氣會發生水氣的凝結、凝固。

### 1. 使水氣飽和的兩種基本因素

(1) 增加空氣塊之水氣量。

(2) 降低空氣塊之溫度（大部分陸地環境形成的雲，是由此因素造成）。

### 2. 雲、霧、露、霜的形成

(1) 雲：水氣在高空中凝結成**水滴**或凝固成**冰晶**以後，就成為眼睛能看見的「雲」。

(2) 霧：水氣在地面凝結成**水滴**，並且漂浮在地表附近就稱為「霧」，通常清晨的時候最容易發生。

(3) 露：水氣在花草、玻璃等物體表面凝結成水滴，就成為「露」。

(4) 霜：水氣在花草、玻璃等物

體表面凝固成冰晶，就成為「霜」。

# 三、氣壓

## 1.氣壓的來源

單位面積上的空氣柱向**下壓的重量**即為「氣壓」。

## 2.氣壓的單位

⑴ 在氣象上通常使用**百帕（hPa）**紀錄氣壓的大小。

⑵ $1atm = 76cm\text{-}Hg = 1013hPa = 1033.6gw/cm^2$

## 3.等壓線

⑴ 氣象站測得之**氣壓值相同的各點連線所形成的封閉曲線**即為等壓線。

⑵ 在**臺灣**通常繪製的等壓線之數值間距為4hPa。

⑶ 等壓線越密集的區域，代表**氣壓變化大風速較快**。

⑷ 中心氣壓高的地方會標上「H」的符號；中心氣壓低的地方會標上「L」的符號。

（等壓線除了能夠判定風的強勁程度以外，還可以判斷風向，甚至也可以做完判斷颱風路徑移動路徑的參考喔。）

# 四、風的形成

## 1.成因

在同高度的水平面上，若兩地的氣壓大小不同時，空氣有**由「氣壓高處」往「氣壓低處」移動**的現象即為風的原動力，但是風的大小、方向不只受到此因素影響。

## 2.影響風向的三大因素

(1) 氣壓梯度力

　　a. 由氣壓的大小差異造成，是風形成的「原動力」。

　　b. 方向由**高壓指向低壓**。

(2) 科氏力

　　a. 由地球自轉造成的一種「偏向力」。

　　b. 在**北半球**時，科氏力指向**運動方向的右側90度**。在**南半球**時，科氏力指向**運動方向的左側90度**。

　　c. 科氏力大小受「物體移動之快慢」、「地球自轉快慢」、「物體所處緯度」影響。

　　　－緯度越高的地方科氏力越強大，風向偏轉程度越明顯。

　　　－物體本身移動速率越快者科氏力也越強烈，風向偏轉程度越明顯。

## (3) 摩擦力

a. 空氣塊與地表摩擦時，會受到摩擦力的阻礙。

b. 摩擦力的方向永遠**與風向相反**。

c. 摩擦力會降低風速而降低科氏力大小，因此**會減弱風向的偏轉程度**。

---

**動動腦1**

甲點位於北半球海水表面，其天氣圖中的等壓線如附圖所示，則甲點的空氣只受到氣壓梯度力、地球自轉（科氏力）的影響，暫時不考慮磨擦力作用，請問：水平風向接近下列何者？

(A) ↓ 　 (B) ↘ 　 (C) ↗ 　 (D) → 　 (E) ↑

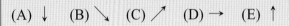

1008百帕

甲 ● ——————1012百帕

1016百帕

---

**甩甩腦1**

1. 首先考慮到氣壓梯度力，從高壓指向低壓

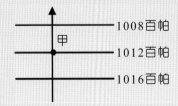

1008百帕

甲 ●——1012百帕

1016百帕

2. 再考慮到，北半球科氏力偏向運動方向的右側90度。

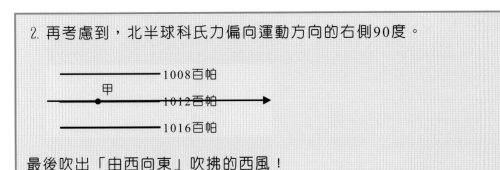

最後吹出「由西向東」吹拂的西風！

動動腦2

某點位於南半球海水表面，其天氣圖中的等壓線如附圖所示，則甲點的空氣只受到氣壓梯度力、地球自轉（科氏力）的影響，暫時不考慮摩擦力作用，請問：水平風向接近下列何者？

(A) ↓    (B) ↘    (C) ↗    (D) →    (E) ↑

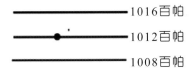

國中地球科學一點都不難

甩甩腦2

1. 首先考慮到氣壓梯度力，從高壓指向低壓

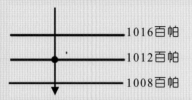

  1016百帕
  1012百帕
  1008百帕

2. 再考慮到，南半球科氏力偏向運動方向的左側90度。

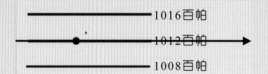

  1016百帕
  1012百帕
  1008百帕

剛好還是吹出「由西向東」吹拂的西風！

動動腦3

某點位於北半球陸地表面，其天氣圖中的等壓線如附圖所示，則甲點的空氣受到氣壓梯度力、地球自轉（科氏力）的影響，還考慮摩擦力作用，請問：水平風向接近下列何者？

(A) ↘ (B) ↓ (C) ↗ (D) ↙

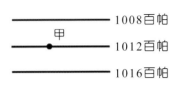

甲 ————————— 1008百帕
————————— 1012百帕
————————— 1016百帕

甲甩腦3

1. 首先考慮到氣壓梯度力，從高壓指向低壓

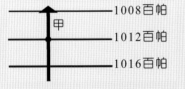

2. 再考慮到，北半球科氏力偏向運動方向的右側90度。

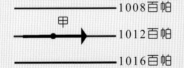

3. 因為有摩擦力，減低科氏力的偏轉效果，從偏轉90度改為偏轉75度

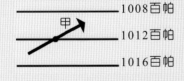

所以選擇C是最合適的答案喔！

## 3.風向

「風向」是指**風的來向**，若使用風向儀測量時，風向儀的箭頭指向即為風向。例如：當風向儀箭頭指向北方時，此時吹北風，風從北方吹去南方。

# 五、氣壓中心的運動

## 1.形成主因

⑴ 高氣壓中心：地面空氣塊本身溫度較低→空氣塊密度較大→氣壓較周圍高。

⑵ 低氣壓中心：地面空氣塊本身溫度較高→空氣塊密度較小→氣壓較周圍低。

## 2.性質整理

| | 北半球 | | | 南半球 | | |
|---|---|---|---|---|---|---|
| | 水平風向 | 垂直對流 | 天氣 | 水平風向 | 垂直對流 | 天氣 |
| 低氣壓L | 逆時針旋入 | 上升 | 陰雨 | 順時針旋入 | 上升 | 陰雨 |
| 高氣壓H | 順時針旋出 | 下沉 | 晴朗 | 逆時針旋出 | 下沉 | 晴朗 |

妤亭同學：

　　我們前面已經學會如何判定風向了，那麼爲甚麼低氣壓中心都會是上升氣流，而且都形成陰雨天氣呢？還是只能硬背？

潮男：

　　若爲低氣壓中心，水平周圍的空氣就會朝中間集中，那麼中間的空氣只好往上才有移動空間，因此是上升對流。而且我們也教過，只要能讓空氣「抬升」就可以讓空氣塊降溫，容易使相對濕度達100%，而形成陰雨天氣喔！

低氣壓

第四章　大氣

# 主題三、氣團與鋒面

## 一、氣團

### 1.氣團起源

「大團空氣」長期停留在溫度、濕度、密度等性質都穩定的「廣大地區」以後，此「大團空氣」在**水平方向的各項性質會變得很相近，而形成「氣團」**。

### 2.氣團性質

⑴ 氣團中心通常為「**高氣壓系統**」。

⑵ 氣團成形以後從發源地向外擴張，氣團的性質會受到附近環境影響。

### 3.氣團類型

⑴ 氣團可以依據起源地為**陸地**或**海洋**而區分為大陸氣團、海洋氣團。

　a.大陸氣團：比較**乾燥**，四季溫差較大。

　b.海洋氣團：比較**潮濕**，四季溫差較小。

⑵ 氣團可以依據起源地的**緯度高低**而區分為極地、熱帶、赤道氣團。

　a.極地氣團：比較寒冷。

　b.熱帶氣團、赤道氣團：比較溫暖。

## 4.臺灣常見氣團

(1) 發源自西伯利亞、蒙古地區的「極地大陸氣團」。

　　a.因為所在緯度較高、且多為陸地，因此較寒冷、乾燥。

　　b.可稱為「極地大陸氣團」也可稱為「大陸冷氣團」、「蒙古冷高壓」。

　　c.在冬天時此氣團強大，常造成臺灣**寒冷的天氣**。

(2) 發源自太平洋的「熱帶海洋氣團」。

　　a.因為所在緯度較低、且多為海洋，因此較溫暖、潮濕。

　　b.可稱為「熱帶海洋氣團」也可稱為「太平洋暖氣團」、「太平洋暖高壓」。

　　c.在夏天時此氣團強盛，常造成臺灣**午後雷陣雨**。

# 二、臺灣的季風與天氣

## 1.季風

若風向會隨著**季節交替**而有所改變的風，可以稱之為「季風」。

## 2.冬天時

大陸冷氣團勢力較強，臺灣被大陸冷氣團壟罩，因此整體氣候較寒冷、並且吹東北季風，為臺灣的東北部帶來豐沛降雨，但南部因為有

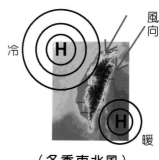

（冬季東北風）

中央山脈阻擋，較少強降雨。

### 3.夏天時

太平洋暖氣團勢力較強，臺灣被太平洋暖氣團壟罩，因此整體氣候較溫暖潮濕，並且全臺都吹西南季風，需要注意午後雷陣雨的出現。

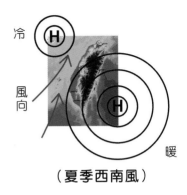

（夏季西南風）

## 三、鋒面

### 1.鋒面的產生

當兩個性質不同的氣團相會時，因為溫度、濕度、密度差異很大，因此會形成過渡區，此過渡區稱為「鋒面」。

### 2.鋒面的特性

⑴ 鋒面附近通常為「低壓中心」，能把空氣抬升形成陰雨天氣。

⑵ 冷空氣密度大而位於交界面之下；暖空氣密度小而位於交界面之上。

### 3.鋒面的分類

⑴ 冷鋒：當冷氣團勢力較強時，鋒面會由冷氣團推向暖氣團，形成冷鋒。

⑵ 暖鋒：當暖氣團勢力較強時，鋒面會由暖氣團推向冷氣團，形成暖鋒。

⑶ 滯留鋒：當兩氣團勢均力敵時，鋒面會有滯留、緩慢移動的現象，形成滯留鋒。

（冷鋒）　　　　　　　（暖鋒）　　　　　　　（滯留鋒）

4. 冷鋒

⑴ 鋒面會由冷氣團推向暖氣團，而將暖氣團抬升。

⑵ 相對之下，累積形成的雲雨區比較集中，因此可能出現「陣雨」或「雷雨」。

⑶ 地面上的人會感受到冷鋒過境之後，才開始降雨。

⑷ 冷鋒過境會有氣溫降低、風向改變、風速增強、雲量增多等現象。

⑸ 冬天時，臺灣常常有冷鋒過境。

## 5. 暖鋒

⑴ 鋒面會由暖氣團推向冷氣團。

⑵ 相對之下，雲雨區比較分散，所以降雨強度通常比冷鋒弱，但降雨
時間較久。

⑶ 地面上的人會感受到冷鋒過境之前，就已經開始降雨。

⑷ 臺灣很少有暖鋒過境。

國中地球科學一點都不難

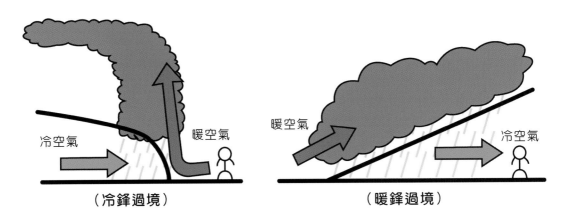

冷空氣　　　　暖空氣　（冷鋒過境）　　　暖空氣　　　　冷空氣　（暖鋒過境）

## 6. 滯留鋒

當冷、暖氣團勢力相當的時候，所形成的鋒面屬於「滯留鋒」，而臺灣
大約在春末夏初（5～6月）的時候容易會有滯留鋒過境，大約在每年
考生即將進行「國中教育會考」的時候，常常會有連續性的降雨，就是
滯留鋒在搗蛋喔！

所謂的「梅雨季」就是每年5～6月期間滯留鋒造成的降雨，是臺灣很重要的降雨來源，但有時候梅雨季也是會失靈變成所謂「乾梅」，臺灣中、南部就很有可能鬧乾旱，這時「梅雨季」就真的變成「沒雨季」啦！

第四章 大氣

# 主題四、臺灣的氣象災害

## 一、寒潮（俗稱寒流）

是臺灣冬天常見的天氣現象，主要受到大陸冷氣團影響。

### 1.原因

在蒙古、西伯利亞發源的**大陸冷氣團**，因為某些原因迅速**向低緯度地區移動**，讓所經之處氣溫遽降，造成農作物、牲畜、魚類的大量死亡，一般稱為「寒害」。

### 2.定義

不是每次的降溫都可以稱為寒流，**中央氣象局**規定：「使臺北地區當日最低溫下降至10℃以下時」或「連續兩天以內氣溫共減少4℃以上時，且氣溫降至14℃以下時」達到寒潮標準。

## 二、梅雨

### 1.原因

每年春末夏初（5、6月期間）時，因為冷暖氣團勢力相當形成「滯留鋒」，造成連續性降雨甚至達到豪雨的標準。〔豪雨是指：24小時雨量達200毫米以上〕

2. 影響

(1) 重要的水源：以多年平均而言，梅雨在臺灣多數區域佔整年降雨量達25～35%。

(2) 但每年的梅雨量不穩定，有時很少甚至無雨稱為「乾梅」可能發生乾旱。

(3) 若梅雨量甚大雖然可以提供充足水源但也可能造成災害，出現山崩、土石流等災害，造成生命財產損失。

# 三、颱風

## 1.定義

強烈的熱帶海洋性低氣壓，其中心最大風速達17.2m/s以上的「熱帶氣旋」，在臺灣稱為「颱風」，在某些國家又將之稱為「颶風」、「氣旋」。

## 2.形成環境之條件

以下是孕育颱風生成，需要同時具備的三項條件。

(1) 足夠溫暖的海水表面：才能有充足的水氣凝結，供颱風旋轉所需要的能量。

(2) 緯度大於5度：緯度夠大的地方才有足夠科氏力讓颱風「旋轉」。

(3) 必須是低壓中心：因為低壓中心才會有旺盛的上升氣流，有助於水氣凝結。

### 3.颱風結構

(1) 颱風眼

颱風中心會有約略為圓形的地方稱為「颱風眼」，颱風眼幾乎**無風無雨**，是颱風整體**氣壓最低**、**氣溫最高**的地方。

(2) 眼牆（雲牆）

颱風眼周圍的「眼牆」是風雨最為強勁的地方。

(3) 外圍螺旋狀雲雨帶

北半球颱風大致以逆時針向內旋入。

（圖自：中央氣象局）

好亭同學：

　　**潮男**，修但幾勒！颱風眼中心為什麼幾乎無風無雨？

潮男：

　　現在，**好亭**、**宜庭**請抓緊對方的雙手，然後快速繞圈圈，告訴我發現甚麼現象。

妤亭同學：

　　很暈，然後快要被甩出去了。

潮男：

　　就是「甩出去」的這股力量作祟，颱風轉速很快，所以「甩出去」的力道非常強大的喔！即使颱風本身是低氣壓中心，就因為「甩出去」的這股力量，而把中心的空氣都往四周散開，中心的空氣就只好「下沉」。

　　之前我們在前幾個主題也提到，空氣如果下沉就容易形成晴朗的天氣嘛，所以這就是颱風眼無風無雨的原因喔！

妤亭同學：

　　原來如此！

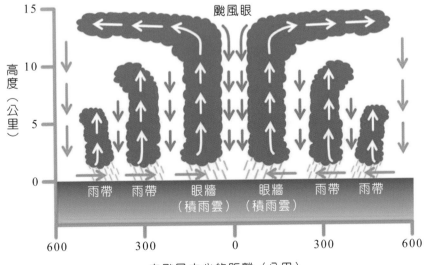

# 主題五、天氣預報

## 一、氣象觀測

　　**中央氣象局**想要進行天氣預報必須要事先定時進行氣象要素的蒐集，將資訊彙整以後繪製成氣象報告中的「地面天氣圖」，當作天氣預報的參考。

### 1. 地面氣象觀測

大部分的氣象站都會在**平坦且排水佳**的地方設置「地面觀測坪」，裡面有很多設備能夠測量許多氣象資訊。

(1) 百葉箱

　　a. 測量工具：有溫度計測量「溫度」、濕度計測量「濕度」

　　b. 特別事項：

　　　－溫度計與濕度計的數據會受到「太陽照射」影響，因此百葉箱表面都會漆上**白色**，能夠反射太陽光減少太陽的影響。

　　　－在臺灣，百葉箱的**開口要面向北方**。

⑵氣壓計

　　一般會用「水銀氣壓計」放在室內測量氣壓即可，有些會使用「空氣式氣壓計」並且放置在百葉箱中。

⑶風向風速計

　　一般會設置在氣象站戶外的風力塔上，必須距離地面  10公尺。風向風速計會指向**風的來向**。

⑷雨量計

　　a.測量工具：**圓形柱空筒**。

　　b.特別事項：

　　　－雨量計必須要放置在空曠高處，避免附近的水濺進去，而增加測量誤差。

　　　－雨量計要以「降水深度」作為降雨量的計算標準，而不是「降水體積」。

鼎威同學：

　　老師！爲什麼百葉箱的開口要朝北方？我如果偏偏要「朝南」不行嗎？

潮男：

　　把溫度計、溼度計特別放到百葉箱裡面，是爲了避免太陽直接照射進入百葉箱呀，而且我們臺灣處於北半球，多數情況下太陽都會位於我們的「南方」，所以我們把開口朝向北方，才能避免太陽直接照射進去！

鼎威同學：

　　這樣啊，那如果像是「澳洲」位於南半球，他們的百葉箱是不是就要開口向南？

潮男：

　　對的，鼎威很聰明喔！

# 二、天氣預報

## 1.降雨機率

　　(1)原理

　　　依據觀測到的資料與過往比對分析，而預測某地區未來降雨的機會百分比。

　　(2)舉例：

　　　　※已明訂時間：

　　　　　臺北市明天降雨機率60%

　　　　　代表：臺北市在**明天，有地區出現**0.1**毫米以上的降雨量之機率有**

　　　　　　　　60%。

　　　　※未明訂時間：

　　　　　臺南市降雨機率10%

　　　　　代表：臺南市在**未來**36**小時以內，有地區出現**0.1**毫米以上的降雨**

　　　　　　　　**量之機率有**10%

　　　　　新北市降雨機率100%

代表：新北市在**未來36小時以內，有地區出現**0.1**毫米以上的降雨量之機率**100%，所以沒有明訂時間就是指「未來36小時」喔！

(3) 特別注意

「降雨機率」跟「降雨面積範圍」、「降雨時間」、「降雨強度」、「降雨量」無關，所以看到降雨機率100%就保證一定會下大雨嗎？並不是，所以不要再說中央氣象騙你啦，是你自己沒有搞清楚規則的嘛

## 2. 舒適度

(1) 人體的感覺程度會受到氣溫、風速、濕度影響。

(2) 中央氣象局發布「天氣舒適度指數」方便民眾了解天氣狀態。

(3) 一般人體最舒適環境是的氣溫20～26℃，相對溼度在40～60%。

(4) 指數介於20～26最舒適，指數越低代表越覺得寒冷；指數越高代表越覺得悶熱。

## 3. 紫外線指數

紫外線如果照射過多會對身體造成傷害，因此氣象局制定「紫外線指數」，紫外線指數一般可分0～15，越高代表越容易曬傷。

(1) 估算時間

氣象局估算「中午太陽輻射最強的一小時中」，地面累積的紫外線輻射量值。

(2) 指數意義
  − 紫外線指數為6，代表紫外線到達地面的輻射量為600焦耳／平方公尺。
  − 紫外線指數為3，代表紫外線到達地面的輻射量為300焦耳／平方公尺。

# 第五章

## 永續發展與氣候變遷

年輕的時候，總覺得我們可以改變世界。

後來才發現，我們只能順勢而為，盡可能地適應地球的改變。

國中地球科學一點都不難

羅穎瑄 繪

# 主題一、天然災害

　　地球本身因為地質、大氣、海洋之間會彼此進行交互作用，而讓地球的環境不斷進行改變，例如：「地震」、「火山爆發」、「山崩」、「土石流」、「洪水」、「乾旱」、「颱風」等現象……這對我們人類而言絕對是一場災難！

## 一、地震

### 1.地震的發生

核爆、火山噴發、板塊作用形成斷層……皆有可能形成地震，目前公認的地震主要是「岩層斷裂」釋出巨大的能量引起，因此地震帶跟**板塊交界、火山帶**分布相近。

臺灣位在「歐亞板塊」與「菲律賓海板塊」的**聚合型板塊**交界處，與菲**律賓、日本、印尼**等國家同處於「環太平洋地震帶」上，因此在臺灣幾乎每天都有地震，還好多數的地震是人類不易明顯察覺的。

### 2.重要名詞（複習）

(1) 震源（甲）：地層斷裂的發源位置稱為「震源」，通常在**地底下**。

(2) 震央（乙）：震源在地表的垂直投影，稱為「震央」。

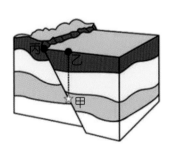

⑶ 震源深度（甲到乙的垂直距離）：震源與震央的垂直距離，稱為「震源深度」。

⑷ 地震規模

　　a.根據：震源所釋放出的**總能量**多寡而算出的數值。

　　b.標準：一般通用**芮氏規模**，估算地震能量的大小。

　　c.數值紀錄：記錄到小數點後一位，沒有單位。Ex：規模5.1的**臺南地震**。

　　d.說明：規模不受地點影響，**不同地方測**到的同一次地震，**規模都一樣**。

⑸ 地震強度（震度）

　　a.根據：該地區的地面受搖晃而破壞的程度，稱為「震度」。

　　b.標準：我國目前分成0～7級，共有十階級，均不含小數。

　　c.說明：震度會受到**距離與地質條件**因素共同影響，因此不同地點測到的震度大小會有所不同，而且距離震央越遠不代表震度就一定越弱。

| 0級 | 1級 | 2級 | 3級 | 4級 | 5弱 | 5強 | 6弱 | 6強 | 7級 |
|-----|-----|-----|-----|-----|-----|-----|-----|-----|-----|
| 無感 | 微震 | 輕震 | 弱震 | 中震 | 強震 | 強震 | 烈震 | 烈震 | 劇震 |

## 3. 地震防災

地球每年要發生數百萬次的地震，還好大部分是規模很小的地震，只有

極少數會有規模大於7.0的地震出現。

⑴ 大地震若發生在外海地區，必須留意海水是否有劇烈擾動形成「海嘯」。

⑵ 地震時，室內的人要先躲在堅固的家具或柱子旁，待地震結束再前往空曠處。

⑶ 若時間足夠，請快速關閉電源、火源，且不可以搭電梯。

⑷ 目前的科技只能做到「地震預警」，但不能做到「地震預測」。

妤亭：

　　老師，我從前面的第二章就想問，同一次的地震中距離震央越近的地方所測到的「震度」就會越大，反之距離震央越遠所測到的「震度」就會越小吧？但是為什麼會有例外？

潮男：

　　「通常距離震央越遠震度就會越小」，這句話是正確的，但如果有特殊地質、地形的話可能就有特例出現。

　　當地震波傳到盆地時，盆地邊緣雖然為堅硬的地盤，可是盆地內的土層卻是鬆軟的沉積層，因此會造成盆地內地表震動時間拉長、地震強度放大，就好像在搖晃布丁一樣，此現象稱為「盆地效應」，就是地質影響震度的經典例子。

## 二、火山噴發

### 1. 定義

地底深處的岩漿，沿著地表裂隙而往上噴出地表，此現象稱為「火山噴發」。

### 2. 形式

(1) 寧靜式噴發

　　噴發時較溫和，但是高溫的熔岩流經之處，也會對動、植物造成極大傷害。

(2) 爆炸式噴發

　　快速釋放出大量火山碎屑與氣體，具有毀滅性的破壞力。

### 3. 全球影響

火山噴發不只會當地造成猛烈的影響，火山噴發出的「火山灰」可能散布開來，進而遮蔽陽光、火山噴出的「氣體」也可能漸漸改變當今大氣的成分，因此對全球氣候有重要的影響力。

### 4. 預兆

地底岩漿流動時會促成許多現象，因此可以當作火山噴發前的預兆，例如：地層溫度逐漸上升、岩漿移動與氣體分出造成的聲音、火山氣體噴

發逸散至大氣中、地震頻率增加且規模漸漸增大。

## 三、山崩

### 1.定義

在重力的影響下，塊體沿著山坡下滑的現象，稱為「山崩」。

### 2.原因

臺灣**降雨集中**在每年5～9月期間，且臺灣高山眾多**地形陡峭**、**地質破碎**，大自然在這樣的情狀下很容易發生山崩。若再加上**人為開發**將森林開墾種植根部較短的植物，甚至直接在山坡上蓋建築物，就會大幅提升山崩的可能性。

范又方 攝

鼎威同學：

　　我奶奶家是蓋在山上，那裡風景非常漂亮我還可以去釣魚，但是聽完老師介紹山崩以後，想到確實地形陡峭、地質破碎，而且大雨來襲的時候有時候會溪水暴漲，我應該建議奶奶早點搬家嗎？

潮男：

　　上面提到的是容易發生山崩的地方，但我們還可以注意一下，奶奶住的地方是屬於「順向坡」或「逆向坡」喔，如果奶奶是住在逆向坡的話，就安全多了，但是如果是住在順向坡最好要多留意一下！

鼎威同學：

　　老師，那什麼是順向坡、什麼又是逆向坡呢？

潮男：

　　當「地表的坡面」與「岩層的傾斜方向」相同者，稱為「順向坡」；當「地表的坡面」與「岩層的傾斜方向」相反者，稱為「逆向坡」。從下圖就很明顯看到，整體的岩層都是向左邊傾斜的。

鼎威同學：

　　了解了，過幾天去奶奶家我再仔細觀察看看。

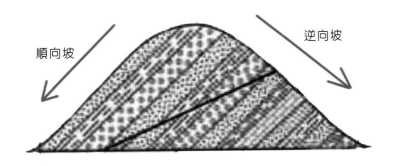

順向坡

逆向坡

## 四、土石流（可算是一種形式的山崩）

　　大量**疏鬆土石**與水混合，形成「流體狀」向下坡快速流動的現象，稱「土石流」。通常在坡度在15～30°之間而且曾經發生過山崩的地區最容易發生土石流，因為曾經發生山崩的地方通常已積累了大量鬆散的土石，只要大雨一來，大量流水混合土石就開始快速向下流動，破壞力強大、移動速度非常之快、影響範圍又廣，因此往往造成非常嚴重的災害。當年震驚全臺的「小林村滅村」有一部份原因就是山崩、土石流造成的。

# 主題二、海水的運動及影響

　　海水的運動大致上可以區分成「波浪」、「海流」、「潮汐」，其中的「海流」其實就是你在地理課本常看到的「洋流」，這次我們會深入講講「波浪」與「海流」的運動及影響。

## 一、波浪

### 1. 成因

⑴ 海水受到外力被推動，以「波」的形式將能量向外傳遞而形成「波浪」。

⑵ 而「**風」是引起波浪的最常見因素**，通常風越強勁、吹拂時間越久、受風區域越大，所形成的波浪就會越強，也能傳的越遠。

### 2. 階段分類

⑴ 風浪：有風吹拂的地區，所形成的海浪稱為「風浪」。

⑵ 湧浪：可離開風吹的地區而繼續向外傳的長浪稱為「湧浪」。

⑶ 碎浪：浪靠近陸地時，因為摩擦力的關係使波無法維持原本的形狀而崩塌，形成「碎浪」。

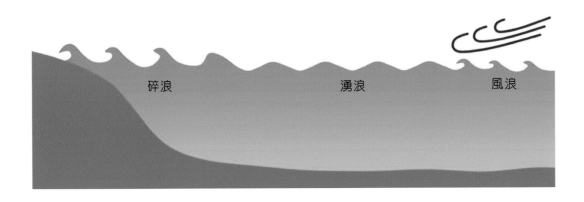

碎浪　　　　　　　　　　　　湧浪　　　　　　風浪

### 3.波浪對海岸的影響

波浪逐漸接近海岸時易形成碎浪，其中垂直於海岸線的分量會形成一股
侵蝕海岸線的力量；其中平行海岸線的分量會形成「沿岸流」。

⑴ 垂直海岸線的分量，會對向凸岸加劇侵蝕，有時候為了避免這部分
　陸地被侵蝕，會在海邊投放「消波塊」，雖然有效防止了海岸線的
　後退，但也對生態造成一定程度的傷害。

⑵ 沿岸流可以攜帶大量沉積物，若人為蓋一個向外突起堤防設施，有
　可能發生「突堤效應」，讓沿岸流的「來側」有大量沉積物堆積，
　但代價是沿岸流的「去側」會受較強的侵蝕而後退。

## 二、洋流（海流）

### 1.定義

　　海水大規模的往某個方向流動，就可以稱為「洋流」。

## 2.成因

成因大致上可以分為「風成流」、「密度流」、「傾斜流」、「補償流」，國中最主要討論的是「風成流」，後續我們針對風成流做深入講解。

### (1)行星風系

因為太陽照射地球時，在不同緯度地區有冷熱的差異，因此讓地球表面吹起大規模的風，此風稱為「行星風系」，其中對海流最有影響的是位於赤道地區風從東方吹向西方的「赤道東風」。

### (2)季風

在不同季節，臺灣附近也會吹起大規模的風，冬天時臺灣吹東北季風、夏天時臺灣吹西南季風。

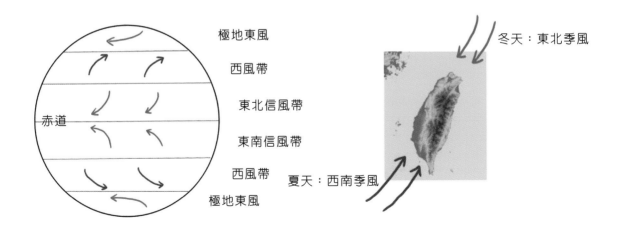

## 3.流向

因為赤道地區會吹起強勁的「赤道東風」帶動主要的洋流流向，在北赤道地區生成「北赤道洋流」、南半球地區生成「南赤道洋流」，又因為海陸分布的關係，最終使北半球的洋流呈現「順時針旋轉」；南半球的洋流呈現「逆時針旋轉」。

## 4.影響

(1) 不同緯度間的海水流動，能調節全球的熱能分布。

(2) 暖流可使周圍地區的溫度增加；涼流則會使溫度下降。

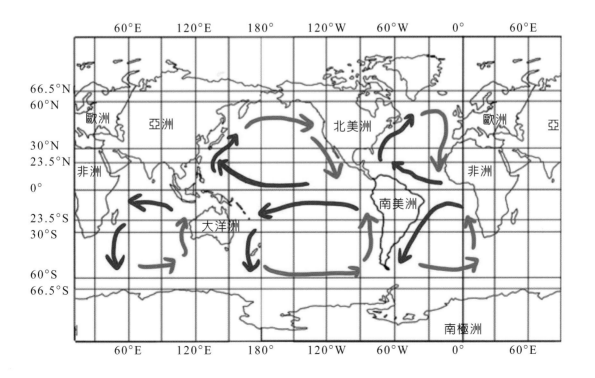

宜庭同學：

　　老師，我還是不太瞭解「洋流」是怎麼樣調節全球的熱能分布。

潮男：

　　你看前面繪製的圖，紅色箭頭代表的是「低緯度」地區的海水流向「高緯度」地區，所以就把低緯度的暖水打包帶到高緯度寒冷的地方，這樣素不素就有調節全球熱能分布的功用了呢？

宜庭同學：

　　這樣呀，那藍色箭頭代表的是「高緯度」地區的海水流向「低緯度」地區，所以就把高緯度的冷水帶到低緯度溫暖的地方，也有調節的功效！

潮男：

　　沒錯，學到這邊妳大概就可以知道，其實「太陽」影響著「大氣」，「大氣」與「海洋」彼此也會有相互影響的關係，若能夠以解其中的奧妙，妳會逐漸發現……其實地科是真的不是單純背誦細節，這一切都是有因果關係的！

## 三、臺灣附近的洋流

　　隨著四季變化，太陽直射的地點改變時也會影響臺灣周圍的「季風」，因此臺灣周圍的洋流也會跟著四季變化稍微改變，接下來我們分析臺灣冬天與夏天的洋流差異吧！

## 1. 夏天

### (1) 行星風系

夏天的臺灣，有「赤道東風」吹拂而造成的「黑潮」，黑潮來到臺灣南端的時候會被分割出東側的「黑潮主流」與西側的「黑潮支流」。

### (2) 季風

夏天的臺灣，會有「西南季風」吹拂，形成從西南方往東北方流去的「南海海流」會與黑潮支流一起向北方流去。

## 2. 冬天

### (1) 行星風系

冬天的臺灣，依然有「赤道東風」吹拂而造成的「黑潮」，黑潮來到臺灣南端的時候會被分割出東側的「黑潮主流」與西側的「黑潮支流」。

### (2) 季風

冬天的臺灣，會改成「東北季風」吹拂，形成從東北方往西南方流動的「中國沿岸流」。

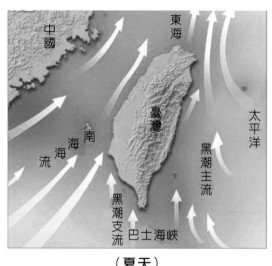

（夏天）

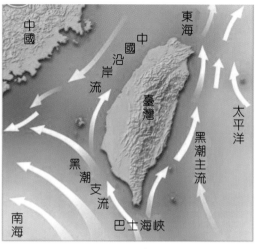

（冬天）

### 3. 對臺灣的影響

(1) **恆春**一年四季均有溫暖的黑潮主流、支流流過，因此冬天仍然較暖。

(2) 烏魚本身喜歡生長在20～22°C的海域，且夏天時臺灣周圍海水大多高於26°C，因此沒有辦法捕獲野生的烏魚。但到了冬天水溫降低時，烏魚就會順著「中國沿岸流」洄游到臺灣海峽南部，因此冬至前是捕獲烏魚的好時機。

(3) 冬天時，南北兩地的溫差較**大**；夏天時，南北兩地的溫差較小。

鼎威同學：

　　老師老師，課本針對「黑潮」的論述是「又黑又乾淨」，聽起來好矛盾喔⋯⋯是課本出問題寫錯了嗎？

潮男：

　　其實課本寫的是正確的，但在讓你理解以前，老師先問你一個傻瓜問題：為什麼閉上眼睛以後，會覺得一片漆黑？

鼎威同學：

　　還好我理化夠好，這是因為沒有光線反射進入眼睛，所以看不到啊！

潮男：

　　黑潮也類似這個原理喔，因為黑潮很純淨，所以當光線照射黑潮時，只有少部分的光線可以反射到眼中，因此看起來才會顏色比較黑啦！另外黑潮的寬度可達數百公里、深度可達1公里，流速也可高達1m/s，讓你稍微知道它的厲害。

# 主題三、氣候變遷與永續發展

## 一、溫室效應

### 1.溫室氣體

(1) 定義：能夠吸收「紅外線」的氣體稱為「溫室氣體」。

(2) 例子：**水氣、二氧化碳、甲烷**等氣體屬於的地球主要的溫室氣體。

### 2.溫室效應

所謂「太陽輻射」是來自太陽的多種波段電磁波，其中**可見光**約佔50%左右、**紅外線輻射**佔40～45%、**紫外線輻射**約佔5～10%。當「太陽輻射」進入地球時，會先有一部份被大氣層反射回外太空、少部分被大氣吸收，而大部分會抵達「地球表面」被吸收。地表吸收太陽輻射以後經過30～60分鐘，會釋放出以紅外線為主的輻射，因此地球表面一方面吸收太陽輻射，另一方面不斷釋放出紅外線輻射。

某些氣體具有易吸收紅外線輻射的特性，例如：水氣（最主要）、二氧化碳、甲烷……這些氣體能夠有效的將「地球釋放的紅外線輻射」留在地表附近的大氣層，使地表能夠維持較高的溫度，因此這些氣體被我們稱之為「溫室氣體」。科學家們經過實驗分析認為，如果沒有這些溫室氣體的協助，地球表面的平均溫度大約會降到-18℃，那會讓我們冷到**皮皮挫**，甚至活不下去呢！

妤亭同學：

　　我們知道地球有溫室效應在進行了，那如果有天地球人移民到其他行星的話，其他行星也會有溫室效應嗎？

潮男：

　　有些行星也會有溫室效應喔，像是金星有濃厚大氣，它的表面大氣壓力是地球的90倍！而且大氣成分中有95%二氧化碳，因此溫室效應極強，成為太陽系中平均溫度最高的行星

鼎威同學：

　　ㄟ！老師，那麼水星呢？水星距離太陽最近，難道不應該是最熱的行星嗎？

潮男：

　　水星質量比較小，它的大氣成分幾乎都漂散到外太空或是被太陽風給吹走了，因此水星幾乎沒有大氣，沒有大氣就無法進行溫室效應啦！所以距離太陽最近的水星表面氣溫，反而比金星還要低喔。

鼎威同學：

　　懂！

## 3. 全球暖化

　　人類工業活動，使溫室氣體中的「二氧化碳濃度飆升」，造成全球氣溫逐漸上升、冰川融化、海平面上升淹沒許多土地、改變世界各地的氣候

型態，使各種生物的生存受到嚴峻的挑戰。

為此1997年**日本**通過制定「**京都議定書**」於2005年生效，主張各國減少溫室氣體的排放。2015年全球經過談判通過「**巴黎氣候協定**」取代「**京都議定書**」，期望引導全球共同阻止全球暖化，此協定在2020年生效。

## 4.臭氧層破洞

前幾章提到在距離地表20～30公里的高空，臭氧濃度特別高因此稱為「臭氧層」，它能夠吸收許多的紫外線保護陸地的生物免受紫外線的威脅。

但科學家發現近年來「南極上空的臭氧層有變薄」的現象，所以稱「臭氧層破洞」，後來發現元兇是傳統冷媒、髮膠噴霧等物質釋放出的「氟氯碳化物」。這些氟氯碳化物被紫外線照射以後會分解出氟原子、氯原子，而氟原子、氯原子會將臭氧分解使高空中的臭氧濃度下降。

於是世界各國在1987年簽訂「**蒙特婁議定書**」，規範世界各國減少、甚至禁用會釋放出氟氯碳化物的物質，善待地球希望能讓臭氧層恢復。

編後語

首先謝謝各位讀者的支持，當初在編寫《國中地球科學一點都不難》時，我的內心一直在掙扎究竟要以表格的形式快速的將重點傳達給各位，還是要麻煩一點用段落敘述內容，最後我選擇了後者。

因為要讓各位讀者「理解」地球科學，就應該以清晰的文字論述內容，避免因為偷懶而再度看著表格亂背一通，那也就失去編寫這本書的初衷了。

另外，我要感謝即將在民國110年9月體驗高中生活的**鼎威**、**宜庭**、**妤亭**，有時候我會覺得是這些孩子在教我東西，點出可能我從來沒想過的問題，讓我們距離科學真相又更進一步，書中的所有問答都是學生曾經在課堂上對我的提問，我想臺灣多數的孩子也都曾有過這些疑問，只是有時偷懶、害羞就不找老師提問、甚至直接背下來假裝自己真的懂了，那這就可惜了！

所以我也希望身為讀者的你們，即使我們可能無法實際的見到面，但是若有地球科學相關的疑惑還是可以透過Line詢問，因為你的問題其實也是大家的問題，勇敢發問，不愧對自己也造福他人，祝福各位學業進步！

國家圖書館出版品預行編目資料

國中地球科學一點都不難／潮男作. -- 二
版. -- 臺北市：五南圖書出版股份有限
公司, 2024.09
　　面；　公分
ISBN 978-626-393-649-2（平裝）

1.CST: 地球科學　2.CST: 中等教育

524.36　　　　　　　　　　113011572

ZC31

# 國中地球科學一點都不難

作　　　者 ― 潮男（271.8）

企劃主編 ― 王正華

責任編輯 ― 張維文

封面設計 ― 姚孝慈

出 版 者 ― 五南圖書出版股份有限公司

發 行 人 ― 楊榮川

總 經 理 ― 楊士清

總 編 輯 ― 楊秀麗

地　　　址：106臺北市大安區和平東路二段339號4樓

電　　　話：(02)2705-5066　傳　　真：(02)2706-6100

網　　　址：https://www.wunan.com.tw

劃撥帳號：01068953

戶　　　名：五南圖書出版股份有限公司

法律顧問　林勝安律師

出版日期　2022年6月初版一刷（共二刷）
　　　　　　2024年9月二版一刷

定　　　價　新臺幣300元

# 經典永恆・名著常在

## 五十週年的獻禮──經典名著文庫

五南，五十年了，半個世紀，人生旅程的一大半，走過來了。
思索著，邁向百年的未來歷程，能為知識界、文化學術界作些什麼？
在速食文化的生態下，有什麼值得讓人雋永品味的？

歷代經典・當今名著，經過時間的洗禮，千錘百鍊，流傳至今，光芒耀人；
不僅使我們能領悟前人的智慧，同時也增深加廣我們思考的深度與視野。
我們決心投入巨資，有計畫的系統梳選，成立「經典名著文庫」，
希望收入古今中外思想性的、充滿睿智與獨見的經典、名著。
這是一項理想性的、永續性的巨大出版工程。
不在意讀者的眾寡，只考慮它的學術價值，力求完整展現先哲思想的軌跡；
為知識界開啟一片智慧之窗，營造一座百花綻放的世界文明公園，
任君遨遊、取菁吸蜜、嘉惠學子！